Sławomir Oder – Saverio Gaeta
Darum ist er heilig

SŁAWOMIR ODER
UND SAVERIO GAETA

DARUM IST ER HEILIG

Der wahre Johannes Paul II.:
Erzählt aus der Sicht seines Postulators
im Seligsprechungsprozess

Das Buch erschien 2010 in italienischer
Sprache unter dem Titel:
„Perché è santo. Il vero Giovanni Paolo II
raccontato dal postulatore della causa di beatificazione"

Aus dem Italienischen von
Anna Meetschen und Stefan Meetschen

1. Auflage 2014
© fe-medienverlags GmbH
Hauptstr. 22, D-88353 Kißlegg
www.fe-medien.de

ISBN 978-3-86357-076-7

Umschlagfoto: dpa
Umschlaggestaltung: Manuel Kimmerle
Druck: TZ-Verlag & Print GmbH, Roßdorf

Printed in Germany

INHALTSVERZEICHNIS

VORWORT

DAS UNBEKANNTE GESICHT
VON JOHANNES PAUL II.

Eines Tages sah eine der Schwestern, die in der päpstlichen Wohnung arbeitete, den müde wirkenden Papst Johannes Paul II. und gestand ihm, dass sie »besorgt über seine Heiligkeit« sei. »Ich bin auch besorgt über meine Heiligkeit«, antwortete dieser sofort und mit einem Lächeln. Nun, nachdem Karol Wojtyłas Seligsprechungsprozess zu einem Ende gekommen ist, können wir sagen, dass die Sorge unbegründet war. Seine Tugenden: Glaube, Hoffnung, Liebe, Barmherzigkeit, Gerechtigkeit, Stärke sowie Maß, Keuschheit, Armut und Gehorsam liegen durch die Zeugnisse der Personen, die an dem kanonischen Prozess teilgenommen haben, in vollem Umfang zutage.

Für die katholische Kirche ist der so genannte Ruf der Heiligkeit eines Kandidaten, also die allgemeine Überzeugung der Gläubigen über seine Verdienste, wie sie sich bei Papst Johannes Paul II. am Tag der Beerdigungsfeier auf dem Petersplatz durch die ausgestreckten Spruchbänder »Santo subito« offen manifestierte, nicht ausreichend. Auch wird ein Wunder, obwohl unentbehrlich, da es als »Siegel Gottes« gilt, nur dann berücksichtigt, wenn die Bewertung der theologischen Experten, die Zulassung der Kardinäle und Bischöfe und am Ende die vom Papst unterzeichnete Gültigkeitserklärung bestätigen, dass der Kandidat die christlichen Tugenden in heroischem Grad besitzt.

Zu dieser Phase kommt man nur durch die sorgfältige Forschungsarbeit des Gerichtshofs der katholischen Kirche, der mit allgemeinen Aussagen über Respekt und Rücksichtnahme, wiewohl diese von wertvollen und qualifizierten Zeugen abgegeben sein können, nicht zufrieden ist, stattdessen aber eine sorgfältige Befragung durchführt, konkrete Beweise verlangt, eine genaue Beschreibung der Ereignisse sowie Unterlagen, welche die Zuverlässigkeit der Aussagen eindeutig bestätigen. Bei dieser Arbeit ist es hingegen die Aufgabe des Postulators, »ein Anwalt« für den Kandidaten zu sein; wenn es darum geht, die Heiligkeit zu erkennen, enthüllt er die nützlichsten Episoden, um die Wahrheit der Ereignisse zu belegen.

Oft sind die Episoden und Fakten, die sich bei dieser Gelegenheit ergeben, unbekannt, weil die Zeugen sich erst jetzt – nach dem Tod eines Kandidaten, der zur Ehre der Altäre erhoben werden soll – frei fühlen, von diesen Ereignissen zu berichten, über die sie zuvor lieber geschwiegen haben. Der Postulator wird auf diese Weise zum Mitwisser einer Serie von Informationen, Anekdoten und, wie man häufig sagt, »kleinen Geschichtchen«, die alle zusammen ein neues Bild des Kandidaten formen.

Für mich war es ein besonderes Privileg, beim Seligsprechungsprozess für Johannes Paul II. als Postulator dienen zu dürfen, und mit diesem Buch möchte ich so weit wie möglich ein Bild der dabei geleisteten Arbeit vermitteln.

Ich selbst bin in Polen geboren, so wie Karol Wojtyła, genauer gesagt in Chełmża in der Nähe von Toruń (Thorn). Als Wojtyła 1978 auf den Stuhl Petri gewählt wurde, beendete ich gerade meine schulische Ausbildung am Gymnasium und plante, in das Seminar einzutreten, um meiner Berufung zum Priester, die seit einigen Jahren in mir gereift war, zu folgen.

Paradoxerweise verursachte seine Wahl jedoch, dass meine Bereitschaft für den priesterlichen Dienst vorübergehend zurücktrat. Es herrschte damals unter den polnischen Katholiken eine große Begeisterung, und ich wollte eine solch wichtige Entscheidung für mein Leben keinesfalls auf der Welle einer solchen kollektiven Euphorie treffen. Ich hatte einfach Angst. Daher begann ich auf den Rat meines geistlichen Begleiters hin ein betriebswirtschaftliches Studium an der Universität Danzig. Ich lebte genau zu der Zeit in dieser Stadt, als sich dort die Solidarność-Bewegung (die Gewerkschaft Solidarität) etablierte und unter Führung von Lech Wałęsa immer stärker wuchs. Am 10. Dezember 1981 flog ich wegen der Weihnachtsferien nach Algier, wo mein Vater als Ingenieur arbeitete. Drei Tage später wurden die polnischen Grenzen aufgrund der Ankündigung des Kriegsrechts von General Wojciech Jaruzelski geschlossen, und ich musste für die nächsten sechs Monate in Algerien bleiben.

Es war eine lange, intensive Zeit, die ich in totaler Einsamkeit verbrachte, so etwas wie Exerzitien. Im Mai 1982 kam ich nach Polen zurück. Im folgenden Jahr trat ich in das Seminar ein, setzte mein begonnenes Studium an der Universität aber gleichzeitig fort. Ich erinnere mich an die Mühen jener Jahre, als ich mich zwischen dem Unterricht und den Prüfungen für Wirtschaft und Theologie durchmanövrieren musste. Dann, dank eines Stipendiums der Päpstlichen Lateranuniversität, ging ich nach Rom, um dort einen Masterabschluss in Kanonischem Recht zu machen, was mich dann zur Arbeit im Vikariat führte, wo ich bis heute als Präsident des Berufungsgerichts wirke.

Ich traf Wojtyła zum ersten Mal am 8. Dezember 1985, kurz nach meiner Ankunft in Rom. Der Zeremonienmeister der vom Papst zelebrierten Messe im Petersdom gab mir die Aufgabe, in dem Moment, in dem die Predigt beginnen sollte, das

Mikrofon zu bringen. Natürlich hatten wir das am Vortag alles schon geübt, allerdings ohne die physische Übertragung des Mikrofons. Als ich mich also am Altar fand, war ich nicht sicher, ob ich die gesamte Halterung oder nur den oberen Teil des Gerätes verschieben sollte, dabei zog ich zufällig das Kabel aus der Steckdose. Eigentlich nichts Ernstes, aber es handelte sich eben doch um eine Liveübertragung für die ganze Welt. Der Heilige Vater wartete auf die Gelegenheit, sprechen zu können, und ich dachte: »Dies ist meine erste Begegnung mit dem Papst, und ich hab's vermasselt!« Glücklicherweise kam mir der Zeremonienmeister zu Hilfe und löste das Problem in wenigen Sekunden.

Einige Zeit später erhielt ich eine weitere Chance. Die Tradition sah vor, dass der Papst während des Festes der *Madonna della Fiducia* (Unserer Lieben Frau des Vertrauens) das Seminar besuchte, in dem ich mich für das Priestertum vorbereitete. Der Rektor gab mir die Aufgabe, den Begrüßungstext vorzubereiten. Lange arbeitete ich an diesem Text, las ihn mit großer Freude und endete mit den Worten: »Wir brauchen Deinen Glauben, Heiliger Vater.« Ich betrachtete den Rektor und entdeckte in seinen Augen einen Blitz von Peinlichkeit. Sofort erkannte ich meinen Irrtum: Ich hatte die erste Textfassung auf Polnisch verfasst, wo es die Höflichkeitsform in der dritten Person (Seinen Glauben) nicht gibt, dann hatte ich meinen Text buchstäblich ins Italienische übersetzt. Den ganzen Abend lachten mich alle aus: »Dies ist das zweite Mal, dass Du Deine Karriere aufs Spiel gesetzt hast: Du hast Johannes Paul II. geduzt!«

Ich weiß nicht, ob es an diesen unfreiwilligen Entgleisungen lag oder einfach nur an seinem unglaublichen Gedächtnis, fest steht: Wojtyła hatte mich nicht vergessen. Wenige Jahre später kam mein neuer Bischof für einen *Ad-limina*-Besuch nach Rom und nahm mich mit zu einer privaten Audienz beim

Papst. Der Bischof stellte mich mit der Koseform meines Vornamens vor, wie Freunde sie verwenden: »Dies ist der Priester Sławek, der im Vikariat von Rom arbeitet«. Johannes Paul II. sah mir in die Augen und antwortete: »Aber als Sie noch im Römischen Priesterseminar waren, trugen Sie keinen Bart, nicht wahr?«

Nach ein paar Jahren traf ich wieder mit dem Heiligen Vater zusammen, unter Umständen, die angesichts der späteren Geschehnisse doch recht eigenartig wirken. Eines Tages rief mich nämlich Stanisław Dziwisz, der persönliche Sekretär des Papstes, an, und sagte, dass er am Abend mit mir sprechen wolle. Ich ging also in den Apostolischen Palast und erfuhr im Aufzug von Stanisław Dziwisz, dass ich zum Abendessen bleiben solle. Ich war überrascht, weil ich dachte, dass er mich zu sich gebeten hatte, um mir eine Aufgabe zu geben, nun führte er mich zu Papstwohnung. Ich setzte mich im Flur mit dem Rücken zur Tür, als plötzlich Wojtyła kam, um mich zu begrüßen und an den Tisch zu bitten. An diesem Abend war ich der einzige Besucher. Ich saß gegenüber von Papst Johannes Paul II. und an den anderen beiden Seiten des Tisches saßen die zwei Sekretäre. Ich konnte kaum essen, so aufmerksam lauschte ich den Worten des Heiligen Vaters, der mir mit seiner großen Natürlichkeit und unbestreitbaren rhetorischen Begabung direkt aus dem Herzen sprach. Da er wusste, dass ich im Priesterseminar von Pelplin studiert hatte, zählte er die Namen der dort wirkenden Professoren auf sowie die Titel der Bücher, die sie geschrieben hatten. Dann erzählte er mir von seiner Beziehung zu meiner Geburtsstadt Toruń, wo ein entfernter Verwandter lebe, den der Papst als Kardinal besucht habe. Es war ein schönes, wenngleich auch ein ungewöhnliches Treffen: Doch warum hatte er mich eigentlich eingeladen? Sicherlich nicht wegen des Wunsches, den Abend mit einem Landsmann zu verbringen (Gelegenheit dazu gab es bei den zur Weihnachtszeit organisierten polnischen Treffen, die er so sehr liebte, genug), zumal, wenn man bedenkt, dass ich der einzige Gast war.

Damals wunderte ich mich, während ich mir diese Begegnung heute so erkläre, dass Papst Johannes Paul II. wohl eine Ahnung gehabt haben muss: Er wollte den Mann, der sein »Vertreter« vor der Kongregation für die Selig- und Heiligsprechungsprozesse sein wird, vielleicht noch ein bisschen besser kennen lernen.

Am 13. Mai 2005, als wir darauf warteten, dass der neue Papst Benedikt XVI. an der Lateranbasilika eintreffe, um zum Klerus der Diözese Rom zu sprechen, bat mich Kardinalvikar Camillo Ruini, nach diesem Treffen ein wenig länger zu bleiben. Ich hatte bereits das Flugticket für Polen in der Tasche, weil am nächsten Tag die Erstkommunion meines Neffen stattfinden sollte, deshalb war ich besorgt, ob ich es pünktlich zum Flughafen schaffen würde. Als ich hörte, dass Papst Benedikt XVI. im Fall des Seligsprechungsprozesses von Papst Johannes Paul II. eine Dispens ankündigte, um die gesetzlich vorgeschriebene Wartefrist von fünf Jahren zu umgehen, ahnte ich langsam etwas.

Kardinal Ruini kam direkt auf den Punkt: »Haben Sie gehört, was der Heilige Vater gesagt hat? Ich bin froh, dass Sie der Postulator sein werden, und ich danke Ihnen für die Annahme dieser Funktion!« Ich widersprach ihm und behauptete, dass dies eine Aufgabe sei, die über meine Fähigkeiten hinausgehe. Denn obwohl ich mich in den späten Neunzigerjahren mit dem Fall des polnischen Priesters und Märtyrers Stefan Frelichowski, der von den Nazis in Dachau getötet und am 7. Juni 1999 seliggesprochen worden war, befasst hatte, war ich kein professioneller Postulator. Mein Widerstand war jedoch nutzlos. Nachdem er mir zugehört hatte, antwortete Ruini: »Ich gratuliere Ihnen und wünsche Ihnen eine gute Arbeit.« Den Flughafen erreichte ich pünktlich.

Vertreter der Polnischen Bischofskonferenz flogen ein paar Monate später für einen *Ad-limina*-Besuch zu Papst Benedikt XVI. Der Bischof von meiner Diözese wollte, dass ich ihn begleite, und stellte mich dem Heiliger Vater vor. Ich erzählte Papst Benedikt XVI. von meiner Tätigkeit. Der Papst freute sich und sagte: »Arbeite schnell, aber gut und tadellos!« Seine Anweisung war das »Motto«, das mich während des gesamten Prozesses begleitet hat.

Sławomir Oder

Hinweis: Um die Privatsphäre der Zeugen zu schützen, wurde die Anonymität der Quellen, die aus dem Prozessgeschehen heraus zitiert werden, bewahrt; die im Text genannten Namen verweisen auf Zeugnisse, die außerhalb des Prozesses liegen.

KAPITEL 1

DER MENSCH

Lebendiger Glaube

Während er bei der Beerdigungsfeier von Papst Johannes Paul II. am sonnigen Freitag des 8. April die Spruchbänder mit der Aufschrift »Santo Subito« (Sofort heilig) sah, stiegen bei seinem alten Freund aus Studienzeiten, (dem späteren Kardinal) Andrzej Maria Deskur, plötzlich Erinnerungen auf. Vor seinem inneren Auge sah er einen anderen hellen Frühlingstag, der sechzig Jahre zurücklag; damals, als sein Freund einfach noch Karol Wojtyła hieß und Krakau erst seit ein paar Wochen, genauer gesagt seit dem 18. Januar 1945, von der Nazibesatzung befreit war.

Zu den ersten Zeichen der wiedererlangten Freiheit gehörte der Umstand, dass die Jagiellonen-Universität wieder ihren Betrieb aufnehmen konnte; viele Studenten kehrten zum Studium zurück, das sie ein paar Jahre zuvor hatten unterbrechen müssen. Wojtyła war damals Vizepräsident der »Brüderlichen Hilfe« (»Bratniej Pomocy«), einem katholischen Studentenwerk, das verschiedene Studentenwohnheime verwaltete. Eines Tages ging der Sekretär dieses Studentenwerkes, Andrzej Maria Deskur, zu Wojtyła und sah an der Tür des

Zimmers, wo Wojtyła gerade lernte, einen Zettel, den Kommilitonen dort befestigt hatten und auf dem mit der Hand geschrieben stand: »Zum zukünftigen Heiligen«.

Man kann Karol Wojtyłas Leben im Licht dieser prophetischen Worte betrachten.

Der Seligsprechungsprozess jedenfalls hat in eindeutiger Klarheit all seine Taten als Mensch und als Priester hervorgebracht. Das Bild, welches sich die Welt im Laufe des mehr als 26 Jahre dauernden Pontifikats von ihm machen konnte, wurde durch den Seligsprechungsprozess bestärkt. Sein sympathisches Wesen, die Inbrunst seines Gebets, die Spontanität seiner Äußerungen, die Leichtigkeit, mit der er Kontakte knüpfte – das alles waren keine von den Medien produzierten Eigenschaften, sondern authentische Wesenszüge seiner Person.

Oft gibt es die Tendenz, das Christentum zu entmenschlichen, als wäre das Glaubensleben etwas ätherisches und privates, doch für ihn war es eine konkrete Erfahrung, die aus der lebendigen Beziehung mit Jesus Christus erwuchs, der Mensch geworden ist, um die Freuden und Leiden des Menschseins selbst zu erfahren. Aus diesem Grund hat sich das religiöse Zeugnis von Karol Wojtyła als äußerst fruchtbar erwiesen, wie die zahlreichen, nach seinem Tod geschriebenen Briefe beweisen, geschrieben von Menschen, für die er eine wichtige Inspirationsquelle war, ihrer wahren Berufung zu folgen.

Es ist kein Zufall, dass Johannes Paul II. viele Freunde hatte. Mit Freunden traf er sich – auch während des Pontifikats – bei gemeinsamen Mahlzeiten, mit ihnen reiste er, ging er zum Skifahren, mit ihnen organisierte er einen Musikchor und die Treffen unter Kollegen während der traditionellen polnischen Feiertage. Oft schrieb der Papst an sie und beschränkte sich dabei, ebenso wie bei öffentlichen Auftritten, nie auf kalte und formelle Grußworte. Seine Menschlichkeit war wahrhaftig und tief, er lebte mit Freude, Begeisterung und Großzügigkeit, und dies alles war eingetaucht in eine Atmosphäre intensiver Spiritualität.

Wie eine Eiche, mächtig und majestätisch, oder wie eine Linde, aus der man eine kräftige Gestalt schnitzen kann, wie er es selbst in dem Jugendgedicht *Magnificat* beschreibt, so war auch Johannes Paul II. tief verwurzelt mit dem Land, in dem er geboren wurde. Seine Heimat blieb in seinem Herzen immer lebendig, auch wenn sein Apostolat als Papst die ganze Welt umfasste.

Er war stolz auf seine Geburt im Jahre 1920, dem Jahr also, in dem sich das so genannte »Wunder an der Weichsel« ereignete, der Kampf des wieder unabhängig gewordenen Polens am 15. August gegen die Bolschewisten, der wider jede Erwartung mit einem Sieg Polens endete. Der Vater Wojtyłas, ein Unteroffizier der Österreich-Ungarischen Armee im Ersten Weltkrieg, nahm an diesem Kampf gegen die Rote Armee als Leutnant der polnischen Armee teil, die von Marschall Piłsudski kommandiert wurde. Viele Male erzählte er später seinem Sohn Karol voller Stolz, dass der positive Ausgang dieser Schlacht – aus Sicht vieler Polen eine Frucht der Fürsprache Mariens – wesentlich dazu beitrug, die Invasionspläne der sowjetischen Revolutionäre zu stoppen. Träumten die Truppen um Lenin und Trotzki doch davon, erst Polen und dann ganz Europa mit der kommunistischen Idee zu beglücken.

Die ernsthafte und verantwortungsvolle Figur des Vaters, der damit in vieler Hinsicht ein typischer Vertreter der alten Garde war, war sehr wichtig für den kleinen Karol, vor allem nach dem frühen Tod seiner Mutter Emilia im Jahre 1929 und dem Tod des älteren Bruders Edmund, der im Jahre 1932 das Opfer einer Scharlachepidemie wurde. Karol Wojtyła erzählt

Freunden oft, wie tief gespeichert in seiner Seele das Bild vom Vater sei, der neben Edmunds Sarg steht und die Worte wiederholt: »Hier ist Dein Wille geschehen!« In gewisser Weise war es der frühe Verlust des Bruders, der dazu führte, dass Karol bereits im Alter von 11 Jahren seine Vorliebe für das Bergwandern, insbesondere im Tatra-Gebirge, entdeckte. Der Vater nahm ihn nach dem Tod Edmunds, sobald er eine freie Minute hatte, einfach für lange Wanderungen mit in die Berge.

Wojtyłas Familie war also eng verbunden mit der polnischen Tradition und Geschichte und verwurzelt im katholischen Glauben. Den größten Einfluss auf das spirituelle Leben Karol Wojtyłas hatte zweifellos der Vater, aber auch die Bedeutung seiner Mutter Emilia darf man mit Blick auf seine menschliche Reife und seine spirituelle Sensibilität nicht unterschätzen, führte diese doch später zur marianischen Dimension seiner Mystik. Eine weitere wichtige Einflussperson für die Liebe zu Maria war der Krakauer Schneider Jan Tyranowski, der Karol allmählich in die tiefe Atmosphäre des Gebetes und der Frömmigkeit einführte.

Belegt wird der Einfluss dieser Menschen ausgerechnet durch das Schlafzimmer von Papst Johannes Paul II. – sowohl im Vatikan wie auch in der Residenz Castel Gandolfo –, denn dort befand sich so etwas wie ein Schrein der persönlichen Jugenderinnerungen des Papstes. Auf einem Tischlein standen Bilder von seinen Eltern und seinem Bruder sowie ein Foto von Tyranowski, aber auch das Bild eines Priesters aus Wadowice war dort zu sehen, nämlich das von Kazimierz Figlewicz, der Karol Wojtyłas Religionslehrer und Beichtvater in der Pubertät war.

Nach dem Tod seines Vaters im Jahr 1941 erlebte Karol, der eigenen Familie beraubt, wie sich sein Herz erweiterte: Er bekam eine neue Familie geschenkt. Zunächst unter seinen Jugendfreunden, später dann im Rahmen des Priesterseminars, unter Gemeindemitgliedern und anderen Priestern, bei Mitarbeitern der Bischofskonferenz, Gläubigen der Diözese Krakau und Gläubigen aus der ganzen Welt. An jedem Ort, wo ihn der Herr hinsetzte, fand Wojtyła dank seiner angeborenen Kontaktfähigkeit auf leichte Weise eine Vertretung seiner natürlichen Familie.

»Onkel« Karol

Die Menschlichkeit Wojtyłas zeigte sich in seiner Traditionspflege, häufigen Erinnerungen und sogar bestimmten Geschmackserlebnissen in Verbindung mit seiner polnischen Heimat. Seine Lieblingssüßigkeiten waren Kremtörtchen aus Wadowice, aber auch »Katarzynki« aus Thorn, und weil er sie so sehr mochte, brachte ihm jedes Mal derjenige, der aus dem Vatikan nach Polen reiste, ein Paket frisch gebackener Süßigkeiten mit. Oft verzichtete der Papst dann zwar im Geist der Buße auf diese Leckereien, glücklich jedoch, sie bei Audienzen an andere Leute weitergeben zu können.

Häufig passierte es, dass eine Veranstaltung, ein Treffen oder ein besonderer Anlass ihn mit vergangenen Zeiten in Berührung brachte und aus seinem außergewöhnlichen Gedächtnis klare, ungetrübte Erinnerungen zurückrief. Die Gefühle, die er für Freunde und Bekannte aus seiner Jugendzeit empfand, waren trotz der vielen vergangenen Jahre lebendig geblieben und viele Male, wenn auch erst in den Tagen des Pontifikats, kam es zur Wiederaufnahme des Kontakts mit Menschen, die er aus den Augen verloren hatte.

Eine solche Person war der jüdische Ingenieur Jerzy Kluger, ein Freund aus der Kindheit in Wadowice, mit dem Wojtyła den Kontakt durch die tragischen Ereignisse des Zweiten Weltkriegs und die Deportation in die Konzentrationslager verloren hatte. Nach der Wahl zum Papst fanden sich die beiden Freunde wieder und trafen sich bis zum Tod von Johannes Paul II. häufig im Vatikan und in Castel Gandolfo.

Gemeinsam erinnerten sie sich an ein Ereignis, das in den letzten Tagen der Grundschulzeit stattfand. Jerzy lebte damals in Nähe des Schulgebäudes und ging in den frühen Morgenstunden dorthin, um die Ergebnisse der Aufnahmeprüfung für das Gymnasium zu überprüfen, welche sich sowohl für ihn wie auch für Karol als erfreulich erwiesen. Jerzy ging also zu seinem Freund nach Hause, um ihm die gute Nachricht mitzuteilen, erfuhr dort aber, dass Karol gerade zu dieser Zeit in der Pfarrkirche Maria Opferung als Messdiener im Einsatz war. Obwohl Jerzy gewöhnlich nie die Schwelle der katholischen Kirche überschritt, entschied er sich nun, dies zu tun, fand in den Tiefen der Kirche einen Platz und wartete auf das Ende der Messe. Karol, der vom Altar aus seine Gestalt erblickte, gab ihm das Zeichen, sich nicht zu bewegen und mit niemandem zu sprechen. Dennoch erkannte eine der Frauen den jüdischen Jungen und fragte ihn unhöflich, welches Recht er als Jude habe, eine Kirche zu betreten. Nach der heiligen Messe, als Karol zu Jerzy kam, widmete er der Nachricht über die Prüfung nicht die geringste Aufmerksamkeit. Er wollte nur wissen, was die Frau seinem Freund gesagt hatte. Als Jerzy ihm ihre Worte wiederholte, antwortete Karol traurig: »Weiß sie nicht, dass wir Kinder desselben Gottes sind?«

Wojtyła war damals erst zehn Jahre alt, doch mit seiner ungeheuren Reife nahm er den rassistischen Hass wahr, der die Seelen einiger seiner Landsleute erfüllte. Später erinnerte Wojtyła mit sehr emotionalen Worten daran, dass die große Tragödie des 20. Jahrhunderts ihren Anfang in diesem Hass genommen habe: »Ich habe meine persönlichen Erinnerungen an all das, was passierte, als die Nazis während des Krieges Polen besetzten. Ich erinnere mich an meine jüdischen

Freunde und Nachbarn, von denen einige getötet wurden und einige überlebten.« Es war zu diesem Zeitpunkt, dass in ihm der Respekt für die Juden wuchs, was dazu führte, dass er sie beim Besuch der römischen Synagoge im Jahre 1986 als »ältere Brüder« bezeichnete. Dieser Respekt wurde symbolisch mit einer herzlichen Erinnerung in seinem Testament an den Rabbi von Rom, Elia Toaff, versiegelt (ist doch dessen Name der einzige, neben dem des treuen Sekretärs, Kardinal Stanisław Dziwisz, der im Testament erwähnt wird).

Wojtyła hielt einen regelmäßigen Kontakt zu den Mitschülern aus der Gymnasialzeit. Die Tradition dieser Treffen begann bereits in Krakau und wurde auch nicht unterbrochen, als Wojtyła auf den Stuhl Petri kam, sodass Castel Gandolfo zum Ort mehrerer Treffen wurde. Während seiner letzten Reise nach Polen, im August 2002, bemerkte er, dass der Erzbischof von Krakau, Kardinal Franciszek Macharski, Freunde aus seinem letzten Schuljahr zum Abendessen eingeladen hatte, und dankte ihm dafür sehr gerührt. Später kommentierte er dieses Treffen mit folgenden Worten: »Wir waren vierzig, acht sind geblieben und nicht alle von uns haben es geschafft, zu kommen.«

Die Schulfreunde bezeichneten den jungen Karol Wojtyła als einen Jungen mit außergewöhnlichen Talenten und einem freundlichen Wesen, der sich dazu durch seine hohe Moral auszeichnete. In der Schule beispielsweise ließ er niemand bei sich abschreiben, denn er empfand ein solches Verhalten als unredlich. Dennoch half er jedem, der es nötig hatte, noch einmal den Unterrichtsstoff zu wiederholen, oder bot ihm an, nach dem Unterricht gemeinsam die Aufgaben zu lösen. Sogar im Priesterseminar änderte er sein Verhalten nicht. Wenn einer seiner Kommilitonen ihn kurz vor der Prüfung um Hilfe bat, antwortete er: »Mein lieber Freund, vertraue Gott und probiere es selbst.«

Auch im Bezug auf Mädchen war sein Verhalten immer klar und frei von Schatten, was die folgende Episode veranschaulicht: Es war im Jahr 1952, als der junge Geistliche Karol plante, zusammen mit zwei Jungs und drei Mädchen die Tatra zu durchstreifen, um blühende Krokusse zu sehen. In der Nacht des 20. April sollte die Gruppe mit dem Zug nach Zakopane fahren und von dort aus mit der Wanderung starten. Wojtyła saß bereits mit den Mädchen im Waggon, als die Jungen keuchend auf dem Bahngleis ankamen, um ihn darüber zu informieren, dass das Datum einer Prüfung verschoben worden sei und sie in Krakau bleiben müssten. Die Mädchen aber konnten nicht so spät zu ihrem Studentenheim, das von den Schwestern von der Heiligen Familie von Nazareth geleitet wurde, zurück, weil es bereits um 22 Uhr geschlossen worden war und erst am nächsten Tag um 6 Uhr morgens geöffnet werden würde.

Innerhalb weniger Minuten musste Wojtyła entscheiden, was jetzt zu tun sei. Die Vernunft riet ihm, die Abreise zu verschieben – ein Priester unterwegs in Begleitung von drei Mädchen war undenkbar –, aber die völlige Klarheit seines kameradschaftlichen Verhältnisses zu den Reisebegleiterinnen erlaubte ihm zu sagen: »Wir gehen trotzdem.« Der Zug war bis zum Rand gefüllt, es gab nur eine Sitzposition. Als die Mädchen Wojtyła fragten, wie sie ihn an diesem öffentlichen Ort nennen sollten, weil die Wendung »Pfarrer« nicht angebracht sei, zitierte Wojtyła, der bereits Urlaubskleidung trug, spontan den berühmten Satz des Schriftstellers Henryk Sienkiewicz: »Nennt mich einfach Onkel.« Fortan wurde dieser Ausdruck (auf Polnisch: wujek – Anmerkung d. Ü.) für viele seiner jungen Freunde sein Spitzname, auch in den Zeiten als Papst.

Mit diesem Ausdruck unterzeichnete er so manchen Brief auf offiziellem päpstlichem Papier, auch an die Verwandten mütterlicherseits in Thorn, aus Dankbarkeit für die Hilfe, die sie ihm während des Zweiten Weltkriegs gegeben hatten. In diesen Briefen zeigte er ein warmes Interesse an den Details des täglichen Lebens: Er erkundigte sich nach Menschen, die er kannte, nach der Gesundheit eines Kranken, er drückte seine Anteilnahme aus über die Nachricht des Todes eines Verwandten etc. Er blieb mit ihrem Leben verbunden, trotz wachsender seelsorgerischer Verpflichtungen. Als Kardinal feierte er mehrere Taufen für Familienmitglieder und sogar die Hochzeit vom Sohn seines Cousins; Fotos zeigen ihn lächelnd während des Hochzeitsessens. Während der Zeit des Pontifikats lud er seine Familie nach Castel Gandolfo ein, um mit ihnen den Sommerurlaub zu verbringen.

Jedes Mal, wenn er als Bischof oder Kardinal nach Rom kam, luden ihn polnische Priester, die im Vatikan arbeiteten, zu Treffen anlässlich eines Namenstages oder Geburtstages ein. Hatte Wojtyła keine anderen dringenden Tätigkeiten, sagte er gerne zu. Als er zum Papst gewählt wurde, hatte einer seiner ehemaligen Freunde nicht den Mut, ihn zu seiner Namenstagsfeier einzuladen. Eines Abends, als dieser Freund als Gast bei einem Abendessen im Apostolischen Palast war, wandte sich Papst Johannes Paul II. scherzhaft an ihn: »Als ich Kardinal war, bekam ich immer Einladungen von Dir. Jetzt als Papst leider nicht. Dabei denke ich, egal, ob ich komme oder nicht, eine Einladung sollte ich schon bekommen!«

Viele Mitarbeiter der Römischen Kurie erlebten während seines Pontifikats, wie er sich an ihren Namenstag sowie ihr Priester- oder Bischofsjubiläum erinnerte. Auch Laien galt seine besondere Aufmerksamkeit, so telefonierte er beispielsweise nach der Wahl zum Papst nach Krakau und bat, dass eine Frau namens Maria, die im Erzbischöflichen Palast als Putzfrau arbeitete, in die Gruppe, die nach Rom für die Feier zum Beginn des Pontifikats fliegen sollte, kostenlos eingeschleust wurde. Und am letzten Tag seines Lebens übergab er Grüße an die bedeutendsten Vertreter des Vatikans, aber auch an Franco, der sich um die päpstliche Wohnung kümmerte, und an Arturo, den Fotografen, der ihn jahrelang begleitete.

Ein Priester, aus der Asche des Schauspielers geboren

Die älteste Erinnerung an die Kindheit Karols stammt von seiner Kindergärtnerin, Schwester Filotea: Der Junge war nur vier Jahre alt und besuchte den von den Schwestern der Heiligen Familie von Nazareth geleiteten Kindergarten in der Lwowska-Straße in Wadowice. Er war fröhlich und lebhaft. Die Schwestern nannten ihn »Lolek«, also mit der Koseform seines Namens, so wie er auch zuhause gerufen wurde. Eines Tages kletterte Lolek auf einen kleinen Baum, dem sich nach einer Weile ein Hund näherte, der laut zu bellen begann. Die Schwestern, ängstlich geworden, dass der Hund den Jungen beißen könne, schrien sofort um Hilfe. Dabei sah der kleine Karol gar nicht verängstigt aus.

Während des ersten Jahres auf dem Gymnasium, als Karol gerade mal 11 Jahre alt war, fand ein Ereignis statt, das seine frühreife religiöse Empfindsamkeit enthüllt. Der Amtsbote von Karols Schule trank zu viel. Eines Tages, als er betrunken die Straße vor dem Schulgebäude überquerte, bemerkte er nicht, dass ihm ein Auto entgegenkam; es fuhr ihn an. Bald darauf standen Schüler um den schwer verwundeten Mann herum, der auf der Straße lag, und waren unentschlossen, was nun zu tun sei. Nach einer Weile kam – zusammen mit Karol – ein Priester von der nahe gelegenen Pfarrei herübergeeilt, um dem verletzten Amtsboten geistlichen Beistand zu leisten; Karol hatten den Priester gerufen.

Die Jahre auf dem Gymnasium waren geprägt von der Entdeckung des Theaters, Wojtyłas erster großer Leidenschaft. Bereits in Wadowice zeigte er sein Rezitationstalent, als er bei einem Wettbewerb mit der Deklamation von Cyprian Norwids *Prometidiona* den zweiten Platz belegte. Als er achtzehn Jahre alt war, organisierte er am 15. Oktober 1938 gemeinsam mit den Kommilitonen des Fachbereichs Polnische Philologie der Jagiellonen-Universität einen Gedichteabend. Nach der Rezitation einiger seiner Gedichte äußerte er öffentlich den Wunsch, Schauspieler werden zu wollen.

Nach ein paar Monaten begann er, an Unterrichtsproben des Theaters des lebendigen Wortes (*Teatr Żywego Słowa*) teilzunehmen, unter der Leitung von Mieczysław Kotlarczyk, der seine Aussprache und seinen Kontakt mit dem Publikum verbesserte. Im Juni 1939 erhielt Wojtyła die Rolle des Stiers, eines der Tierkreiszeichen in der Aufführung *Ritter des Mondes*, die im Gang des Nowodworski-Kollegiums aufgeführt wurde. Seine nächste Rolle war die des Gustav in *Mädchenschwüre (Śluby panieńskie)*. Sein außergewöhnliches Gedächtnis, das sein schauspielerisches Talent unterstützte, erlaubte es ihm, während der Aufführung von *Balladina (Balladyna)*, zwei Rollen zu spielen – seine und die des Kollegen, der erkrankt war.

Trotz der deutschen Besatzung wurden die Aufführungen heimlich fortgesetzt. Eines Tages, während SS-Truppen auf der Straße eine Razzia durchführten, gab Wojtyła mit ungewöhnlicher Gelassenheit eine Deklamation des *Herrn Thaddäus (Pan Tadeusz)*.

Diese große Liebe Karols zur Theaterszene begleitete eine intensive spirituelle Suche – zwei sich gegenseitig ausschließende Wege, die früher oder später zu einer schwierigen Entscheidung führen mussten. Diese Entscheidung ist wahrscheinlich im Rahmen einer Aufführung gereift, bei welcher

Karol den Monolog von König Bolesław, dem Kühnen hielt, der über die Auferstehung von Piotrowin auf die Fürsprache von Sankt Stanislaus spricht, und ein paar Teile des *Königs des Geistes* von Juliusz Słowacki deklamierte. Einer der Augenzeugen berichtet, dass Karol während der Premiere mit deutlicher Entschlossenheit rezitierte, fünfzehn Tage später jedoch dieselben Aufführungsworte geradezu flüsterte. Als man ihn nach dem Grund fragte, warum er seine Interpretationstaktik so drastisch geändert habe, antwortete er, dass er über den Text nachgedacht habe und zu dem Schluss gekommen sei, dass dieser Monolog eine Beichte sei.

Die Freunde stellten fest, dass in diesen Wochen aus der Asche des Schauspielers ein Priester geboren war. Einer von ihnen schrieb Wojtyła, als dieser schon Papst war, einen Brief über diese Verwandlung und fügte eine Aufnahme der besagten Rezitation hinzu. Als Reaktion darauf schrieb der Papst: »Du hast die Wahrheit geschrieben. Das ist das, was passiert ist. Ich stimme voll und ganz zu.« Der letzte Auftritt auf der Bühne erfolgte im März 1943 als Protagonist des Stückes *Samuel Zborowski* von Juliusz Słowacki.

Wie stark die Spiritualität dieses jungen Studenten, den das Theater so faszinierte, tatsächlich war, bemerkten aber auch seine Freunde an der Universität. Als ein Student sich dieser Gruppe von Freunden anschloss, fiel ihm die Diskretion Wojtyłas auf, weil für lange Zeit niemand seinen Namen kannte und man ihn einfach »Sadok« nannte, angelehnt an die Hauptfigur der damals populären Bücher von Władysław Grabski *Im Schatten der Stiftskirche* und *Der Beichtstuhl*, die sich um einen Mönch mit Namen Sadok drehen.

In diesen Monaten ging Wojtyła ein Wagnis ein, das sehr gefährlich war. Es gab seit 1936 eine große jährliche Pilgerreise der Studenten zum Schrein der Schwarzen Madonna von Tschenstochau. Während der deutschen Besatzung war diese geistliche Aktivität verboten. Karol, der diese Tradition unbedingt einhalten wollte, erreichte heimlich zusammen mit zwei anderen Delegierten das Heiligtum, obwohl zu diesem Zeitpunkt Hitlers Armee Tschenstochau umstellt hatte.

Der geheime Seminarist

Johannes Paul II. wiederholte gerne, dass das erste Seminar, das er besucht habe, das Vorbild des Vaters gewesen sei, eine Art Hausseminar. Zu einem tieferen Gebetsleben und einer gesteigerten Frömmigkeit führte ihn dann der Schneider Jan Tyranowski, der die Gebetsgemeinschaft des »Lebendigen Rosenkranzes« leitete; eine Gruppe von fünfzehn Jugendlichen, denen aufgetragen wurde, täglich ein Geheimnis zu beten. Karol trat dieser Gruppe bei und hatte in dieser Schule der Spiritualität die Möglichkeit, sich mit dem *Traktat über die wahre Verehrung der seligen Jungfrau Maria* des Franzosen Louis Maria Grignion de Montfort und den Werken des Spanischen Mystikers, Johannes vom Kreuz, vertraut zu machen.

Im Alter von zweiundzwanzig Jahren kam Wojtyła zu dem Schluss, dass sein Weg ins wahre Seminar führen müsse, dasjenige der Erzdiözese Krakau. Einige Zeit zuvor hatte er den Ruf des Herrn, der sich in einer speziellen Einladung äußerte, noch abgelehnt. Erzbischof Adam Stefan Sapieha besuchte am 3. Mai 1938 bei einem pastoralen Besuch die Pfarrei Maria Opferung in Wadowice, um einigen Schülern des Gymnasiums das Sakrament der Firmung zu spenden. Die polnische Tradition sieht vor, dass die Kandidaten bei der Firmung einen zweiten Vornamen annehmen, und Karol wählte den Namen Hubertus (Hubert), in Erinnerung an den Dramatiker Hubert Roztworowski, der wenige Wochen zuvor gestorben war und dessen Arbeit Wojtyła faszinierte.

»Mein Religionslehrer, Pfarrer Edward Zacher, übertrug mir die Aufgabe, den Metropoliten willkommen zu heißen«, erzählte Johannes Paul II. später. »Damals hatte ich zum ersten Mal die Gelegenheit, jenem allseits hochverehrten Mann gegenüberzustehen. Ich weiß, dass nach meiner Begrüßungsrede der Erzbischof den Religionslehrer fragte, welche Fakultät ich nach der Reifeprüfung wählen würde. Pfarrer Zacher antwortete: »Er wird polnische Philologie studieren.« Der Erzbischof soll geantwortet haben: »Schade, dass es nicht die Theologie ist.«

Vier Jahre mussten vergehen, bis sich die Berufung von Karol in ihrer ganzen Fülle in ihm bildete. Ein Ereignis, über das er selbst sagte: »Es bleibt ein Geheimnis auch für mich. Ist es möglich, Gottes Wege zu erklären? Aber ich weiß, dass ich irgendwann in meinem Leben sicher war, dass Christus zu mir spricht und zu mir das sagt, was Er zu Tausenden von Menschen vor mir gesagt hat: Komm und folge mir nach! Deutlich sah ich, dass das, was ich in meinem Herzen fühlte, keine menschliche Stimme oder meine eigene Erfindung war. Christus rief mir zu, ihm als Priester zu dienen.« Im Priesterseminar wachte über Karol als Rektor Jan Piwowarczyk, der ihm absolutes Stillschweigen, auch vor seiner Familie, empfahl. Die Situation war wirklich sehr delikat.

Schon kurz nach dem 1. September 1939, als die Nazis Polen überfielen, wurde das Seminargebäude von den SS-Truppen besetzt, um die Niederlassung der Besatzungstruppen in der Stadt Krakau zu sichern. Für ein paar Monate wohnten Seminaristen im zweiten Stock des Erzbischöflichen Palastes, aber später, als auf Anordnung des Nazigouverneurs alle Schuleinheiten geschlossen wurden, schickte Erzbischof Sapieha einige Seminaristen in die Pfarreien und den Rest, der in Institutionen arbeitete, die von den deutschen Behörden kontrolliert wurden, nach Hause, um dort zu lernen. Die geheimen Seminaristen kannten sich nicht untereinander. Das Lernmaterial, um Theologie und Philosophie zu studieren, erhielten sie direkt vom Präfekten Kazimierz Kłósak, die Prüfung legte jeder von ihnen individuell vor dem Professor ab.

Zwei Jahre lang, vom Herbst 1942 bis zum Sommer 1944, gehörte Wojtyła zu dieser zweiten Gruppe von Seminaristen. Um der Deportation als Zwangsarbeiter nach Deutschland zu entgehen, war es notwendig, einen von den deutschen Behörden ausgestellten Ausweis als »sozial nützlicher« Arbeiter zu bekommen. Nachdem Wojtyła für einen kurzen Zeitraum als Bote für die Lieferung von Bestellungen eines Restaurants gearbeitet hatte, begann er 1940 als Handwerkshelfer beim Einrichten von Sprengstoff in dem Bergwerk Zakrzówek, das eine halbe Stunde Fußwegs von seinem Haus in Dębniki entfernt lag, zu arbeiten.

Im Frühjahr 1942 begann er mit der Arbeit in der Chemikalienfabrik Solvay in Borek Fałęcki. Seine Aufgabe war es, das Wasser im Kessel zu reinigen. Die Zeit der Arbeit in der Fabrik fiel zusammen mit dem Beginn seines geheimen Studiums im Priesterseminar. Wenn die Arbeitskollegen ihn ständig mit einem Buch in der Hand sahen, dachten sie, dass er ein Student der Universität sei, und unterstützten ihn, sodass er auch während der Arbeitszeit lernen konnte.

Sein geistlicher Begleiter war damals der Priester Stanisław Smoleński, der in Wojtyła ein großes moralisches und intellektuelles Talent sah und seine Bereitschaft, Opfer und Mühen in Kauf zu nehmen, hochschätzte. Seine starke körperliche Gestalt half Wojtyła, die Folgen eines Unfalls, der sich am 29. Februar 1944 ereignete, gut zu überstehen. Auf dem Weg in die Fabrik war er von einem Lastwagen angefahren worden. Er fiel an der Ecke der Konopnicka-Straße zu Boden und verlor das Gedächtnis. Später im Krankenhaus erwachte er mit einem bandagierten Kopf.

Als Reaktion auf den Aufruf von Erzbischof Sapieha, der nach dem Ausbruch des Warschauer Aufstands beschlossen hatte, dass alle Seminaristen in den Palast an der Franciszkańska-Straße zurückkommen sollten, beendete Wojtyła Anfang August 1944 die Arbeit in der Solvay Fabrik. Erzbischof Sapieha begründete seine Entscheidung gegenüber den Nazis wie folgt: »Ich habe ein paar Seminaristen, weil ich als Erzbischof das Recht habe, dass jemand da ist, der mir bei der heiligen Messe dienen kann.«

Karol betrat das Seminar mit einem weißen Hemd, einer Wollhose und Holzschuhen an den Füßen. Einen Tag später erhielt er von einem Priester der Diözese eine Soutane. Etwa zehn Seminaristen wurden zunächst in den Räumen im ersten Stock, im Seitenflügel der Kurie, untergebracht. Ihre Fenster waren auf den Innenhof des Seminars und die Wiślna-Straße gerichtet. Im Oktober, nach dem Zusammenbruch des Warschauer Aufstandes, bot der Kardinal die Zimmer der Seminaristen Priestern an, die aus der belagerten Hauptstadt flohen. Die jungen Studenten hingegen wurden direkt neben seiner Wohnung, im Auditorium, platziert. Die jungen Männer schliefen auf ausklappbaren Metallbetten, die aufgrund des Platzmangels dicht beieinander gestellt waren; im selben Zimmer fand der Unterricht statt.

Der Tagesablauf war streng organisiert: um 5 Uhr Wecken, Körperpflege und Gymnastik im Flur, dann Gebet in der Kapelle, Zeit für Meditation und schließlich die heilige Messe mit dem Metropoliten, dann Frühstück und danach Unterricht in Philosophie und Theologie. Um 13 Uhr war die Mittagspause und kurz nach Mittag konnten die Seminaristen für einen kurzen Spaziergang in den Innenhof gehen. Die Anbetung vor dem Allerheiligsten fand nach einem Spaziergang statt, dann folgten Studium und geistliche Lesung. Um 20 Uhr war die Zeit für das Abendessen, Gebet in der Kapelle und Studium in der Stille. Um 21 Uhr ging der Erzbischof in die Kapelle, um für eine Stunde ausgestreckt auf dem Boden vor dem Allerheiligsten zu liegen. Um 22 Uhr, auf dem Weg zu seinem Zimmer, überprüfte er, ob die Seminaristen bereits schliefen.

Einer der jungen Seminaristen sagte später, dass ihm bei Wojtyła »ganz besonders seine Güte, seine Freundlichkeit und seine Kameradschaft« aufgefallen sei. »Karol stellte den Kontakt mit einem Gesprächspartner ohne die geringste Anstrengung her, er versuchte sein Gegenüber zu verstehen und berührte die Fragen, die auf dem Herzen eines jeden von uns lagen. Er war sparsam mit seinen Worten, bevor er sprach, hörte er zu. Manchmal fügte er diskret einen Kommentar hinzu. Er zwang niemand zu seiner Meinung und verletzte niemand mit Bemerkungen. Sein Blick war fröhlich, er war humorvoll, er hörte gerne lustige Geschichten, die ihn zum Lachen brachten. Er hielt sich treu an die Vorschriften des Seminars. Während des Unterrichts war er konzentriert, er machte sich fleißig Notizen und begriff sofort die wichtigsten Gedanken der Lehrer. Seine Prüfungen fielen stets sehr gut aus und mit seinen Antworten befriedigte er die Professoren und erweckte unter uns allen Bewunderung.«

Das Schreckgespenst eines Doppelmordes

Auf die Zeit dieser dramatischen Tagen bezieht sich ein entehrender Vorwurf gegen Wojtyła, den der italienische Radio- und Fernsehautor Marco Dolcetta in seinem Buch »Die Gespenster des Vierten Reiches« (*Gli Spettri del Quarto Reich*) erhebt, das im November 2007 veröffentlicht wurde. Hier die Rekonstruktion der Geschichte, die von Dolcetta erzählt wird und eine lange Liste von Fragen aufwirft.

Dolcetta berichtet, dass er im Rahmen von Studien zum Ende des Nationalsozialismus am Ende des zwanzigsten Jahrhunderts ein Interview mit Horia Sima geführt habe, der im Jahr 1938 die rumänischen Legionäre anführte und der erste Vizeminister Rumäniens war (1940–1941), später aber auch ein Geheimagent in Dienst von Heinrich Himmler, dem Nazichef der Deutschen Polizei, dem er als Spion für die Gestapo und die SS unter den polnischen Aufständischen diente. »Nach vielen Bedenken, Ängsten und Überlegungen« soll es im Jahr 1978 (Monat unbekannt) in Madrid zu einem Treffen zwischen Dolcetta und Sima gekommen sein. Es ist jedoch nicht möglich, eine Bestätigung dieses Vorkommnisses von Sima zu bekommen, da dieser bereits am 25. Mai 1993 verstarb.

Während des Gesprächs soll Sima dem Journalisten ein Stück Papier gezeigt haben, auf dem in nüchternem Deutsch die folgenden Worte zu lesen gewesen seien: »*Geheimnotiz des Kommandos. Hauptbüro für Sicherheit des Reiches. Hauptabteilung.* Die beiliegenden Erklärungen bestätigen, dass der katholische Geistliche, ein Pole namens Karol Wojtyła, aktiv an der Ermordung eines Deutschen teilgenommen hat. Das Verbrechen wurde mit einem Messer ausgeübt. Ich befehle, dass der Name dieses gewalttätigen Mörders auf die Liste der gesuchten Personen kommt. Zur Auswirkung der besagten Information direkt an die Gestapo in Krakau wenden. *Abteilung F. VII. A. geschickt von SD I und II der Gestapo I RSM 87.*«

Diese bösartige Meldung soll Sima gegenüber dem italienischen Autor auf diese Weise dargestellt haben: »In Krakau stand der Erzbischof der Stadt, Fürst Adam Stefan Sapieha, aufgrund seiner großen antideutschen Handlungsfreiheit, unter unserer besonderen Beobachtung. Nach einer Reihe von Treffen mit dem lokalen Klerus, bei denen ich mich als ungarischer Flüchtling, Gymnasiallehrer, als katholisch und von der SS gesucht ausgab, erfuhr ich etwas über die Existenz einer geheimen Organisation, die von der Kirche unterstützt wurde. (…) Sonntag, den 7. August (1944) ist ein Tag, an dem große Razzien durch die Gestapo im gesamten Krakau durchgeführt worden sind. Ich bin in der Gestapozentrale und überprüfe die Liste der potenziellen Terroristen. Beim Anblick des Names Karol Wojtyła springe ich in die Luft, weil er ein sehr religiöser Mensch ist, auch er ist unter Beobachtung, weil er als Sohn einer jüdischen Frau namens Emilia Katz gilt, die unter dem polnischen Namen Kaczorowska eingebürgert wurde, und weil er ein Freund von vielen jüdischen Studenten ist, die er schützt …«

Der Protagonist des Restes der Geschichte ist der Mitarbeiter von Sima, Grigori Caratiniescu: »Caratiniescu, nach der genauen Bestimmung der Verschwörer in Zivil gekleidet, läuft zusammen mit zwei Gestapoagenten durch Krakau. Wojtyła lebte im Stadtzentrum, und Caratiniescu bemerkt ihn, als er in ein Haus eintritt, in Begleitung von zwei anderen jungen Männern. Es gelingt nicht, diese drei jungen Männer zu stoppen. Sie folgen den Dreien, aber Caratiniescu ist nicht so schnell, wie die Polen und die zwei Deutschen, die sie verfolgen. Er sieht, wie sie flüchten und nach einer Weile, als er um die Ecke der Straße blickt, sieht er die blutigen Körper der Deutschen, die auf dem Boden liegen. Von den drei Flüchtlingen keine Spur (…). Einen Tag später sterben zwei verwundete Agenten. Über Wojtyła ist nur bekannt, dass er Schutz im Palast des Erzbischofs Sapieha gefunden hat, der ihm und zwanzig anderen katholischen Umstürzlern die Soutane gegeben hat und sie schnell zu Klerikern machen möchte. (…) Ich war, wenn auch nur bis zu einem gewissen Grad, überrascht, als Wojtyła viele Jahre später zum Papst gewählt wurde. Einmal mehr wurde meine Meinung über den Vatikan bestätigt.«

Wenn man diese letzte Äußerung mit dem Datum des Interviews (1978) vergleicht, taucht der erste Widerspruch auf, da

Wojtyła am 16. Oktober zum Papst gewählt wurde. Es scheint unwahrscheinlich, dass Sima die Wahl zitierte, es sei denn, dass das Interview wirklich in den letzten Monaten des Jahres durchgeführt wurde. Aber selbst wenn es so wäre, scheint es noch seltsamer, dass er sich dabei auf ein lang zurückliegendes Ereignis in der Vergangenheit bezieht, das theoretisch aber nur wenige Wochen vorher stattgefunden hätte.

Noch verwirrender ist es, dass in der Zeit, als die Aufmerksamkeit der ganzen Welt auf den neu gewählten Papst Wojtyła gerichtet war, sowohl Sima wie auch Dolcetta diese Information nicht benutzten, die, wenn sie wahr wäre, einer echten Sensation gleichgekommen wäre. Man muss ferner die Ausdauer von Dolcetta hervorheben, solch eine journalistische Bombe dreißig Jahre lang zu verstecken, um sie dann später bei anderer Gelegenheit auf Seite 156 seines Buches zu veröffentlichen. Ohne unnötig ins Detail gehen zu wollen, aber nicht ohne Bedeutung für die historische Rekonstruktion der Ereignisse ist auch die Tatsache, dass der im Interview zitierte Tag – der 7. August 1944 – ein Montag war!

In jedem Fall ist es klar, dass bei einer Klage mit solcher Bedeutung die Postulation, die sich mit dem Prozess von Papst Johannes Paul II. beschäftigt, gezwungen ist, Maßnahmen zu ergreifen, die für die Wahrheitsfindung erforderlich sind. Zur Klärung der Angelegenheit hat sich die Postulation an die zuverlässigste Quelle von Daten mit Bezug zu diesem Thema gewandt, an die Kommission für Zeitgeschichte, deren Sitz in Bonn ist. Dr. Karl-Joseph Hummel hat dazu folgende Erklärung abgegeben: »Seit 2003 liegt eine Mikrofiche-Edition vor, die sämtliche nachweisbaren Meldungen und Berichte aus dem Geheimen Staatspolizeiamt, dem SD-Hauptamt der SS und dem Reichssicherheitshauptamt 1933–1945 enthält: Heinz Boberach (Hg.), Regimekritik, Widerstand und Verfolgung in Deutschland und in den besetzten Gebieten, München 2003. Das gesuchte Dokument ist in dieser Edition nicht enthalten, der Name Wojtyla taucht in dem detaillierten Erschließungsband nicht einmal als Registerbegriff auf.«

Dr. Hummel setzt seine Analyse wie folgt fort: »Ein Vergleich der Dokumente der Mikrofiche-Edition mit dem von Dolcetta wiedergegebenen Dokument verstärkt den Eindruck, dass es sich bei Dolcetta um eine Fälschung, zumal um eine nicht besonders intelligente, handelt.

- Es fehlt die im Briefkopf übliche Angabe von Ort und Zeit.
- Der Sender des Dokuments ist nicht in der üblichen Weise genannt, der Verteiler ist nicht spezifiziert.
- Die Gestapo wusste normalerweise, wovon sie sprach, und hätte einen polnischen Theologiestudenten nicht als ›katholischen Geistlichen‹ bezeichnet. (Da Karol Wojtyla aber erst am 1.11.1946 die Priesterweihe erhalten hat, ist er vor 1945 kein katholischer Geistlicher gewesen.« – Nicht in der italienischen Fassung, aber in der deutschen Originalerklärung – Anmerkung d. Ü.)

Nach dem vergeblichen Versuch, eine Auskunft vom Autor (und Verlag) zu bekommen, fasst Dr. Hummel zusammen: »Möglicherweise liegt ein Grund für das schweigsame Verhalten des Verlags in der Tatsache, dass dieses Dokument in einer Archivvorlage gar nicht existiert, sondern später ›hergestellt‹ worden ist.«

Angesichts dieser Überlegungen bleibt der Vorwurf also völlig unbegründet. Dies erklärt unter anderem, warum Historiker ihn trotz seines vermeintlichen Sensationswertes nie aufdecken konnten.

Im Dienst für Gott und sein Volk

Im Oktober 1946 entschied Kardinal Sapieha, Wojtyła zum Promotionsstudium auf eine päpstliche Universität in Rom zu schicken, und bestimmte als Datum seiner Ordination den 1. November dieses Jahres, das Fest Allerheiligen. In den frühen Morgenstunden trat Karol, begleitet von einer kleinen Gruppe, die aus mehreren Familienmitgliedern und Freunden bestand, in die Privatkapelle des Metropoliten, wo die Zeremonie stattfand.

Am 2. November, dem Tag also, an welchem die Liturgie das Fest Allerseelen vorsieht, feierte Karol seine erste heilige Messe in der Krypta des heiligen Leonard, in der Wawel-Kathedrale von Krakau. In den folgenden Tagen zelebrierte er die Messe in der Pfarrei des heiligen Stanisław Kostka in Krakau-Dębniki, wo er mit seinem Vater gelebt hatte, und in der Pfarrei Maria Opferung in Wadowice, seiner Heimatpfarrei. Für seine Freunde vom Theater des Lebendigen Wortes und der geheimen Organisation »Union«, mit denen er während der deutschen Besatzung verbunden war, zelebrierte er die heilige Messe vor dem Altar des heiligen Stanislaus auf dem Wawel.

Der Moment der Priesterweihe war das zentrale Ereignis im Leben von Karol Wojtyła. Er beschreibt es wie folgt: »Es gibt für mich nichts Wichtigeres, nichts, das mir mehr Freude gibt, als jeden Tag die heilige Messe zu feiern und dem Volk Gottes in der Kirche zu dienen. Das ist so seit dem Tag meiner Priesterweihe. Nichts konnte dies ändern, auch nicht die Wahl zum Papst.«

Ein beachtenswerter Beweis dafür ist das Zeugnis eines Priesters, der auf der Transpontina-Straße, in der Nähe des Petersdoms, einen Landstreicher sah und in ihm einen Priester erkannte, der offensichtlich seine Berufung verloren hatte. Der Priester nahm ihn mit zu einer Audienz in den Clementine-Saal und informierte Papst Johannes Paul II. über die Anwesenheit dieses Mannes. Nach dem Treffen lud der Papst ihn in einen Nebenraum. Der Priester-Landstreicher hatte nach dem Gespräch Tränen in den Augen. Der Papst sagte, dass er bei dem Priester gebeichtet habe, und nach diesem Bekenntnis habe er zu ihm gesagt: »Sehen Sie, was für eine große Sache das Priestertum ist? Schänden Sie es nicht!«

Am 15. November 1946 stieg der junge Geistliche Karol Wojtyła in Begleitung des Seminaristen Stanisław Starowieyski in den Zug, der ihn zum ersten Mal ins Ausland bringen sollte. Es war eine lange und spannende Reise. »Ich schaute aus dem Fenster des Waggons auf die Städte, die ich aus den Geografie-Schulbüchern kannte. Das erste Mal sah ich Prag, Nürnberg, Straßburg und Paris, wo wir im polnischen Priesterseminar in der Rue des Irlandais übernachten konnten. Die Zeit war knapp, sodass wir schon bald an den letzten Novembertagen nach Rom abreisten«, erinnerte sich Wojtyła. Eigentlich sollte er bei den Pallottinern untergebracht sein. Schließlich stieg er aber im belgischen Kollegium auf der Via del Quirinale, in Nähe der nach Thomas von Aquin benannten Päpstlichen Universität (Angelicum genannt) ab, wo er nach weniger als zwei Jahren, am 19. Juni 1948, die Promotion mit einer Doktorarbeit abschloss. Der Titel der Arbeit lautete: »*Die Glaubenslehre beim heiligen Johannes vom Kreuz*«.

Aufregend war für Wojtyła die Audienz Anfang 1947 bei Papst Pius XII. Der Papst begrüßte jede Person, jeden jungen Priester und Seminaristen aus dem belgischen Kollegium. Als er zu Wojtyła kam, wies ihn der Rektor des Kollegiums, Maximilien de Fürstenberg, darauf hin, dass Wojtyła aus Polen komme. Pius XII. zögerte für einen Moment, dann wiederholte er mit sichtbarer Bewegung »aus Polen« und sagte danach auf Polnisch: »Niech będzie pochwalony Jezus Chrystus!« (Gelobt sei Jesus Christus).

Damals fand auch ein Gespräch zwischen Wojtyła und einem belgischen Priester statt, dem zukünftigen Kardinal Josef Cardijn, der in der *Jeunesse Ouvrière Chrétienne* (Christliche Arbeiterjugend) engagiert war. Sie trafen sich, um über die Situation des mit dem Ende des Zweiten Weltkriegs neu formierten Europas zu reden. Der Priester sagte: »Der Herr hat es zugelassen, dass Euch die Erfahrung des Bösen, das der Kommunismus verkörpert, zugestoßen ist … und warum hat Er es erlaubt?« Danach antwortete er selbst: »Vielleicht, weil wir im Westen nicht in der Lage wären, eine solche Prüfung zu bestehen. Ihr aber werdet standhalten.« Diesem Satz schrieb Johannes Paul II. viele Jahre später eine prophetische Bedeutung zu.

Einer seiner Kommilitonen in diesen Jahren des Studiums erinnerte sich später an diese Zeit auf folgende Weise: »Der Napoleon zugeschriebene Spruch ›Ich kann ein paar Schlachten verlieren, aber nicht eine Minute‹ wurde ständig in unserem belgischen Kollegium zitiert. Wojtyła nutzte jeden Augenblick, um seine Dissertation zu beenden. Wir wussten, dass er ein guter Fußballspieler war, aber wir konnten ihn nicht überzeugen, sich unserem Team anzuschließen. War das der Grund für die Niederlagen, die wir bei Spielen mit den Teams aus Brasilien und England erlitten? Doch von Zeit zu Zeit nahm auch er an den Matches teil, die wir im Garten veranstalteten.«

Mit ausgestreckten Armen im Zeichen des Kreuzes

Karol war sehr konzentriert auf sein Ziel. Einer seiner Kommilitonen aus den römischen Zeiten unterstreicht, dass er »sehr bescheiden war, wofür die Gruppenfotos einen Beweis liefern, da man ihn immer in der hinteren Reihe stehen sieht. Bei Diskussionen war er nie allzu gesprächig. Ich hätte nie gedacht, dass er ein paar Jahrzehnte später das Wort mit solch einer Gewissheit ergreifen könnte und die Weltkirche mit so viel Energie und Effizienz führen würde. Sein Fall scheint eine Bestätigung des französischen Spruches zu sein: ›Die Aufgabe macht den Mann.‹«

Mit vielen Freunden aus dem römischen Seminar verlor er für längere Zeit den Kontakt und sehnte sich deshalb kurz nach der Wahl zum Papst danach, mit allen im Vatikan zusammenzukommen. Er lud sie ein, mit ihm die heilige Messe in seiner Privatkapelle zu feiern und eine gemeinsame Mahlzeit zu nehmen. Einer der Teilnehmer erwähnt die herzlichen Worte, die Johannes Paul II. an die Gäste adressierte: »Ich kenne Euch alle beim Vor- und Nachnamen. Wer konnte es ahnen, dass ich erst zum Papst gewählt werden musste, um euch alle nach einunddreißig Jahren wiederzutreffen?«

Wenige Tage nach der Verteidigung der Doktorarbeit kehrte Wojtyła in seine polnische Heimatdiözese zurück, wo ihm die so genannte *Aplikata* anvertraut wurde; es war seine erste Aufgabe, dem Pfarrer von Niegowić, einem Ort etwa 30 Kilometer östlich von Krakau, zu assistieren. Die Pfarrgemeinde umfasste ungefähr 5000 Personen mit Wohnsitzen in dreizehn Dörfern, die sich völlig außerhalb des öffentlichen Verkehrsnetzes befanden. Am 8. Juli 1948 machte sich Karol Wojtyła mit dem Bus auf den Weg in die Richtung seiner neuen Pfarrei. Irgendwann musste er aussteigen und den Rest der Reise zu Fuß beschreiten. Ein Bauer, der vorbeifuhr, fragte ihn, ob er ihn auf seinem Pferdewagen mitnehmen könne. Sobald sie die Grenzen der Pfarrei erreichten, stieg Wojtyła vom Wagen, kniete nieder und betete nach dem Vorbild des heiligen Johannes Maria Vianney, dem berühmten Pfarrer von Ars, für die Mitglieder seiner neuen Pfarrgemeinde.

Ein Jahr lang arbeitete Wojtyła zusammen mit dem Pfarrer Kazimierz Buzała. 30 Stunden pro Woche unterrichtete er Religion in fünf Grundschulen, verstreut im Pfarrgebiet, und leitete den Jugendverband der katholischen Frauen (Katolickie Stowarzyszenie Młodzieży Żeńskiej). In einfachen Worten zu sprechen, die große Menge an Arbeit, die schwierigen wirtschaftlichen und sozialen Bedingungen, die das Leben auf dem Land prägten und ganz anders waren als das akademische Milieu, bedeuteten für den Intellektuellen Karol Wojtyła eine echte Herausforderung.

Die Gemeindemitglieder jedoch waren tief bewegt von seiner großen, ganz auf die Eucharistie ausgerichteten Frömmigkeit, die durch lange Anbetungszeiten vor dem Allerheiligsten sichtbar wurde. Wojtyła verbrachte oft die Nacht im Gebet vor dem Altar liegend, sodass er mit seinen ausgestreckten Armen das Zeichen des Kreuzes bildete. Wie einer der Zeugen sagt: »Die Gegenwart Christi im Tabernakel erlaubte es ihm, eine sehr große Nähe zu Gott herzustellen: Nicht nur er sprach zu Christus, dieser sprach auch mit ihm.« Nachdem sie das Verhalten des jungen Priesters eine Zeit lang beobachtet hatte, kam die Haushälterin der Pfarrei zu dem prophetischen Fazit: »Der wird noch Bischof werden.«

Im Oktober 1948 starb Kardinal Primas August Hlond. Als neuen Primas wählte die polnische Kirche einen jungen Erzbischof, den 47 Jahre alten Stefan Wyszyński. Die Absicht des Episkopats war es, unter Einsatz seiner besten Kräfte gegen den Kommunismus zu kämpfen, um auf diese Weise die Verbreitung der marxistischen Theorien verhindern zu können. Im Einklang mit dieser Auffassung beschloss Kardinal Sapieha am 17. August 1949, Karol Wojtyła in die Pfarrei des heiligen Florian in Krakau zu versetzen, in Nähe der Jagiellonen-Universität.

Dort betraute ihn Pfarrer Tadeusz Kurowski mit der Aufgabe, den Religionsunterricht in den letzten Klassen des Gym-

nasiums durchzuführen und die Studentenseelsorge auszuüben. Jeden Donnerstag bereitete Wojtyła eine Katechese für
die Studenten vor, bei welcher die grundlegenden Probleme
der Existenz Gottes und der Spiritualität präsentiert wurden, Themen von großer Bedeutung, da sie in der Gesellschaft
durch die kommunistische Propaganda zu Gunsten eines mi-
litanten Atheismus unterdrückt wurden. Um die dargestellten Inhalte – die oft delikate theologische Probleme berührten – eindeutig zu erklären, bereitete er Schaubilder vor, die er
mit einem Vervielfältigungsgerät auf Zeitungspapier kopierte.

Es war in dieser akademischen Umgebung, wo sich ein
Kreis enger Freunde bildete, die ihren Urlaub zusammen
verbrachten und aus denen viele Ehepaare hervorgingen.
Durch die Gespräche, die Wojtyła in dieser Zeit führte, for-
mierte und konkretisierte sich seine Theologie des Körpers
und der Ehe. Das Buch *Liebe und Verantwortung (Miłość i
odpowiedzialność)*, das 1960 veröffentlicht wurde, lässt sich
tatsächlich auf den Text der Exerzitien, die er für verlobte
Paare hielt, zurückführen.

Die erste Expedition dieser Gruppe endete im Dorf Kozy.
Die jungen Leute übernachteten in der Pfarrei von Franciszek
Macharski, der später Wojtyłas Nachfolger als Metropolit von
Krakau werden sollte. Es war der Beginn einer langen Reihe
von touristischen Ausflügen und Kanufahrten. Jeder Tag begann mit der heiligen Messe, nach dem Evangelium folgte eine
kurze Predigt, mit einem Satz, der zur Reflexion während des
Tages ermutigen sollte. Karol Wojtyła mochte es sehr, unter
Leuten zu sein, aber es war für ihn auch eine Freude, mit dem
Kanu zu fahren und sich allein oder mit einem Kajakfahrer
als Begleiter, in nahezu unbegrenzter Freiheit, dem Nachden-
ken und der Kontemplation zu widmen. Eine große Freude
war es, als ihn im Jahr 2000 in Castel Gandolfo eine Drei-Ge-
nerationen-Gruppe dieser alten Freunde besuchte, um ihm

ein so genanntes »Trocken-Kanu« zu schenken. Sie platzierten einen Kajak auf dem Rasen vor Johannes Paul II., sangen »Wujek« zu Ehren ein paar Lieder, und dann grüßte jeder der 120 Gäste ihn persönlich.

Um junge Menschen zur Teilnahme am Leben in der Pfarrei zu motivieren, beschloss Karol Wojtyła, einen Chor zu organisieren, der mit fünf Männern und ebenso vielen Frauen beginnen sollte. Am Anfang umfasste das Repertoire des Chores nur Weihnachtslieder. Später bat der junge Assistent des Pfarrers seinen Freund, den Schauspieler Jan Adamski, um Hilfe und zusammen konnten sie ein Passionsspiel vorbereiten, das zum Osterfest 1951 in der Kirche inszeniert wurde.

Totus Tuus

Karol Wojtyłas Tätigkeitsdrang und kulturelles Engagement machten einen großen Eindruck auf Erzbischof Eugeniusz Baziak, der nach dem Tod von Kardinal Sapieha am 23. Juli 1951 dessen Nachfolger als Metropolit von Krakau geworden war. Baziak wollte aus Wojtyła einen Hochschullehrer machen und beauftragte ihn deshalb im September 1951 damit, sich als Dozent im Fachbereich Ethik und Moraltheologie zu habilitieren. Im Dezember 1953 beendete Wojtyła seine Habilitationsschrift mit dem Titel »Beurteilung der Rekonstruktionsmöglichkeiten einer christlichen Ethik auf der Basis der Voraussetzungen des ethischen Systems von Max Scheler«. Zufällig war es die letzte Habilitation, die an der theologischen Fakultät der Jagiellonen-Universität absolviert wurde, weil diese schon ein paar Monate später von den kommunistischen Machthabern aufgelöst wurde.

Karol Wojtyła begann sofort mit dem Unterricht im Krakauer Priesterseminar und an der Katholischen Universität

Lublin, auch wenn er die offizielle Ernennung zum Dozenten erst am 15. November 1957 erhielt. Um die Bedeutung seiner Tätigkeit zu verstehen, muss erwähnt werden, dass er ab 1967, als er bereits Kardinal war und keine Möglichkeit mehr besaß, ständig nach Lublin zu reisen, seine Vorlesungen an der Katholischen Universität Lublin vom Erzbistum Krakau aus fortsetzte, indem er seinen Studenten die Fahrten nach Krakau mit den Mitteln seines Gehalts als Professor bezahlte.

Obwohl er an der Universität unterrichtete, gab Wojtyła den Kontakt mit der Jugend nicht auf, schließlich war ihm bewusst, dass ein direktes Engagement in der Seelsorge keine zusätzliche Verpflichtung ist, sondern die Verwirklichung der wahren Essenz des Priesterseins, und von daher war es kein Zufall, dass er die offizielle Nachricht von seiner Ernennung zum Weihbischof von Krakau während einer der vielen Sommerausflüge im Juli 1958 erhielt. Die Einladung, sich mit dem Kardinalprimas Stefan Wyszyński zu treffen, war ihm bereits wenige Tage zuvor mitgeteilt worden, weshalb Wojtyła eine Soutane bei einem Freund aus Warschau ließ und ruhig, in kurzen Hosen und Hemd bekleidet, eine Kanuwanderfahrt auf dem Łyna-Fluss unternahm.

Am 3. Juli 1958 verließ er die Gruppe und ging in Begleitung eines Freundes, Zdzisław Heydel, in der Nähe von Olsztynka (Hohenstein) ans Ufer. Mit freundlicher Unterstützung eines LKW-Fahrers, der Mehlsäcke transportierte, erreichte Wojtyła den Bahnhof, von wo aus er den Nachtzug nach Warschau nehmen konnte. Er hatte einen Schlafsack bei sich, aber dieser war, wie er später sagte, »nicht nötig, weil ich nicht schlafen konnte«. Am 4. Juli erreichte er pünktlich den Erzbischöflichen Palast in Warschau in der Miodowa-Straße, wo Kardinal Wyszyński ihm die Entscheidung des Apostolischen Stuhls mitteilte. Wojtyła erhob sofort Einwand: »Eminenz, ich bin zu jung, ich bin erst 38 Jahre alt.« Der Primas sagte auf diese Worte mit ein wenig Ironie: »Das ist eine Schwäche, die sich schnell behandeln lässt. Bitte wehren Sie sich nicht gegen den Willen des Heiligen Vaters.« Wojtyła blieb nichts anderes übrig, als die Entscheidung zu akzeptieren.

Einen Tag später machte sich Wojtyła auf nach Krakau, wo er Erzbischof Baziak die Nachricht seiner Ernennung überbrachte, wobei er sich auch gleich nach der Möglichkeit erkundigte, die Kanuwanderfahrt mit seinen Freunden entlang des Łyna-Flusses fortzusetzen. Zunächst war der Erzbischof gegen diese Idee und erklärte ihm, dass dies nicht angemessen sei, aber Wojtyła widersprach: »Heute ist Sonntag, wer wird mit ihnen die heilige Messe feiern? Es wird ihnen entgehen.« Daraufhin stimmte Baziak zu und fügte mit einem Lächeln zum Abschied hinzu: »Aber zur Bischofsweihe kommen Sie bitte zurück!«

Die Weihe wurde für den 28. September, den Tag des heiligen Wenzel, den Schutzpatron der Wawel-Kathedrale, bestimmt. Bei der Zeremonie sollten die symbolischen Gaben im Namen des zu Weihenden von seinen Nächsten getragen werden. Sechs Freunde trugen Kerzen, Brot und Wein. »Ich hatte keine Familie, ich hatte euch«, sagte Wojtyła später zu diejenigen, die er als seine »Repräsentanten« auswählte. Die Zeremonie setzte sich im Priesterseminar fort, wo für die Teilnehmer eine bescheidene Feier vorbereitet wurde, und endete schließlich im Marienheiligtum von Tschenstochau, wo Wojtyła bei Sonnenaufgang in der Kapelle des wundertätigen Bildes der Schwarzen Madonna die heilige Messe für seine Nächsten feierte.

Als bischöfliches Motto wählte er in Verehrung der Jungfrau Maria »Totus Tuus«, inspiriert durch die Lehre des heiligen Ludwig-Maria Grignion de Montfort. Es sind die ersten Worte des Satzes, in denen der Heilige den Wunsch der totalen Hingabe an Jesus durch Maria äußert: »Mein Jesus, ich bin ganz dein, und alles, was mein ist, ist dein durch Maria, deine heilige Mutter«.

Wie der Bischof selbst erklärte: »Die Lehre dieses Heiligen hat auf die Marienverehrung vieler Gläubigen und auf mein eigenes Leben einen tiefen Einfluss ausgeübt. Es handelt sich um eine lebenserprobte Lehre von bemerkenswerter asketischer und mystischer Tiefe, und sie ist in einem lebendigen, leidenschaftlichen Stil geschrieben, der oft Bilder und Symbole verwendet.« Sein guter Freund, Kardinal Andrzej Maria Deskur, hat es bestätigt: »Die Treue zu Maria hatte einen großen Einfluss auf sein Leben. Bereits in Krakau erläuterte er mir die Bedeutung der vollkommenen Hingabe nach Ludwig-Maria Grignion de Montfort. Er sagte mir, dass wir Gott so dienen müssen wie Maria, die sich ihm ganz hingab.«

Alles durch das Prisma des Glaubens

Vier Jahre half Wojtyla unermüdlich dem kranken Erzbischof Baziak in allen Bereichen der bischöflichen Arbeit. Nach seinem Tod war dem Krakauer Domkapitel klar, Wojtyła für die Zeit, da man auf eine Entscheidung des Heiligen Stuhles wegen des neuen Diözesanbischofs wartete, zum Kapitularvikar zu wählen. Der leitende Weihbischof war Julian Groblicki, was Wojtyła bei einem Treffen am 16. Juli 1962 dazu veranlasste, ihn für die Wahl des Bischofs zu empfehlen. Kurienkanzler Kuczkowski kniete jedoch vor Wojtyła nieder und bat ihn, dass er aus Rücksicht auf die Bedürfnisse der Krakauer Kirche diese Funktion übernehme.

Drei Monate später, am 5. Oktober 1962, machte sich Weihbischof Wojtyła auf nach Rom, um an den Beratungen der ersten Sitzung des Zweiten Vatikanischen Konzils (11. Oktober – 8. Dezember 1962) teilzunehmen. Ein Jahr später, vom

6. Oktober bis 4. Dezember 1963, nahm er an der zweiten Sitzungsperiode des Konzils teil, danach brach er zu einer Pilgerreise ins Heilige Land auf (5. – 15. Dezember 1963). Als er auf den irdischen Spuren Jesu schritt, wusste er bereits, dass in nur zwei Wochen (30. Dezember 1963) seine Ernennung zum Erzbischof von Krakau verkündet werden würde.

Die Freude in der Diözese war so groß, dass am 8. März 1964, als auf dem Wawel die Feierlichkeiten zum Amtsantritt stattfanden, so viele Gläubige zur heiligen Messe kamen, dass es einem Teil von ihnen nicht gelang, in die Kirche hereinzukommen. Schon bald darauf drückten die Gläubigen ihre besondere Liebe und Verehrung für Wojtyła erneut aus. Während der Feierlichkeiten zum 1000-jährigen Bestehen Polens (*Sacrum Millenium Poloniae)* im Jahre 1966. Wojtyła feierte die heilige Messe in der Pfarrei von Szczepanów, im Geburtsort des heiligen Bischofs und Märtyrers Stanislaus, dem Schutzpatron Polens. Die außergewöhnlich enthusiastischen Gläubigen trugen ihn förmlich auf ihren Schultern vom Auto zum Altar.

Aus diesem Jahr stammt eine weitere lustige Anekdote rund um die Millenniumsfeier, die sich in dem Dorf Tum Łęczycki zutrug. Es war ein Tag, an dem es sehr stark regnete und sich bereits viel Wasser auf dem über den Altar aufgespannten Baldachin angefüllt hatte. Einer der Teilnehmer der Zeremonie fasste an den Rand des Baldachins, um das dort angesammelte Wasser auszugießen, machte dabei aber einen Fehler, sodass das ganze Wasser langsam am Erzbischof abfloss, welcher sich davon aber nicht stören ließ und seine stoische Ruhe beibehielt.

Die Arbeitsform, auf die Wojtyła im Bistum den größten Wert legte, war Teamarbeit. Dazu traf er sich mit seinen Weihbischöfen, vom April 1970 an gab es insgesamt vier (Julian Groblicki, Stanisław Smoleńsk, Jan Pietraszko und Albin Małysiak), zu wöchentlichen Sitzungen, um aktuelle Themen zu besprechen. Probleme, dies betonte er von Anfang an, sollten in erster Linie durch das Prisma des Glaubens behandelt werden. Zu dieser Gruppe schlossen sich jedes Mal aber auch Menschen aus anderen Diözesanbüros an: der Leiter der Kanzlei, der Notar, verschiedene Abteilungseiter.

»Bei seiner bischöflichen Arbeit orientierte sich Wojtyła an dem seelsorgerlichen Vorbild des heiligen Märtyrers Stanislaus, der sein Volk gegen den Despotismus des polnischen Königs Bolesław verteidigte, und an seinem Namenspatron, dem heiligen Karl Borromäus, dem Bischof der Reformen des Konzils von Trient«, erinnert sich einer der damaligen Weihbischöfe. »Neben solchen Beispielen zeichnete sich Wojtyła dadurch aus, dass er die Nation mutig gegen die Diktatur des Kommunismus verteidigte und das Recht auf die Freiheit der Religion und der Weltanschauung unterstützte.«

In Krakau, so berichtet einer der Zeugen des Seligsprechungsprozesses, lud der Erzbischof »in seine Residenz Vertreter verschiedener Gruppen der Gesellschaft ein: Intellektuelle, Menschen aus der Welt der Wissenschaft und der Kultur, Rechtsanwälte, Fachkräfte des Gesundheitswesens. Er ermutigte seine Gäste, unterstützte sie und machte ihnen Vorschläge. Er sprach dabei in so persönlicher Weise, dass jeder aus diesen Begegnungen, die mit großer Sorgfalt vorbereitet wurden, etwas mitnehmen konnte. Er sprach sehr gut, auf eine humorvolle Art.«

Auch als Bischof widmete er seine besondere Aufmerksamkeit der Jugendseelsorge, weil er in den jungen Menschen eine große Hoffnung für die Kirche sah. Er betonte, dass diese Beziehung zu den jungen Menschen tief in ihm verankert sei, und niemals in seinem Leben hat er die Sorge um die jungen Menschen vernachlässigt. Er hat Jugendliche als geistlicher Vater begleitet, er hat persönliche Kontakte hergestellt und oft mit ihnen gesprochen. Er war sich der fundamentalen Bedeutung des Religionsunterrichtes sehr bewusst, weshalb er die Priester bat, Kurse für Jugendliche jeden Alters zu organisieren, solange es für den Religionsunterricht in den offiziellen Lehrplänen der Schule keinen Platz gab.

In der Schule des Zweiten Vatikanischen Konzils

Bei der Arbeit des Zweiten Vatikanischen Konzils engagierte sich Wojtyła sehr. Er war bei allen Sitzungen anwesend, nach den beiden bereits erwähnten auch bei der dritten Sitzung (14. September – 21. November 1964) und der vierten Sitzung (14. September – 8. Dezember 1965). Während der Versammlungen sprach der Krakauer Erzbischof insgesamt achtmal, er hinterließ dreizehn Artikel und drei Texte, die er gemeinsam mit anderen Teilnehmern des Konzils verfasste. Er war Mitglied der Studienkommission für die Probleme der Bevölkerung, der Familie und der Geburten. Er beteiligte sich aktiv an der Arbeit der Unterkommission, die das *Schema XIII* ausarbeitete, deren Ergebnis die Konstitution von *Gaudium et Spes* war. Die Teilnahme am Konzil war für ihn eine sehr wichtige Erfahrung, die zur Veröffentlichung des Buches *Über die Grundlagen der Erneuerung. Eine Studie über die Umsetzung des Zweiten Vatikanischen Konzils (U podstaw odnowy. Studium o realizacji Vaticanum II)* führte. Der Anlass des Buches war, den Geistlichen und Gläubigen in der Diözese Krakau die Notwendigkeit der Eingliederung der Konzilslehre in die Seelsorge aufzuzeigen.

Seine Interventionen während des Konzils lassen sich in drei Bereiche gliedern: die Kirche, die Freiheit der Religion und die moderne Welt. Hinsichtlich der Ekklesiologie schlug Wojtyła vor, dass bei der endgültigen Fassung von *Gaudium et Spes* das Kapitel über das Volk Gottes vor dem Kapitel über die Hierarchie stehen solle. Auf diese Weise machte er seine große Wertschätzung aller Gläubigen deutlich. In einer Zeit, in der Laien von vielen Geistlichen als einfache Befehlsempfänger der kirchlichen Hierarchie behandelt wurden, drückte Wojtyła mit solchen kleinen Gesten seine Achtung vor den Laien aus. Anlässlich einer Debatte, die dem Dienst der Laien galt, begann er seine Rede mit der Formulierung *Venerabiles Patres, Fratres et Sorores* (Ehrwürdige Väter, Brüder und Schwestern), um auf diese Weise, als Einziger der Teilnehmer, vor der Öffentlichkeit die Anwesenheit von mehreren Frauen während des Konzils, die als Zuhörerinnen mitbeteiligt waren, zu unterstreichen.

Beim Thema Religionsfreiheit warnte er, dass der Glaube nicht dem Druck von Seiten staatlicher Behörden unterworfen sein dürfe. Dazu erklärte er, dass Glaubensfreiheit nicht bedeute, dass man der religiösen Gleichgültigkeit die Türen öffnen könne.

Die deutlichsten Spuren Wojtyłas findet man bei dem Schema, das die Beziehung der Kirche mit der modernen Welt aufzeigt. Als er darüber sprach, zeigte er anhand einer Reihe von Bemerkungen den viel zu moralistischen Ton des Textes und bemängelte, dass die Kirche von einer zu hohen Warte herab auf die Welt blicke. Bei dem redigierten Text verlangte er heftig die Anerkennung des atheistischen Kommunismus als eines grundlegenden Problems, das die heutige Kirche plage. Die Unterkommission lehnte seine Version aber ab, weil, so die Kommission, sie sich zu sehr auf den Atheismus konzentriere.

Für die weitere Redaktion des Textes wurde der Theologe Yves Congar gewählt, der daraus nach lebendigen Diskussionen das vierte Kapitel von *Gaudium et Spes* schuf. Aus jenen Tagen behielt er eine Notiz bei, welche Congar, der 1994 von

Papst Johannes Paul II. zum Kardinal ernannt wurde, im *Tagebuch des Konzils* aufschrieb: »Wojtyła macht einen großen Eindruck, seine Persönlichkeit drängt sich auf, sie besitzt ein Fluidum, Attraktivität und dazu eine prophetische, sehr ruhige, aber unwiderstehliche Kraft.«

Während der Sitzung am 28. September 1965 bewertete Wojtyła die endgültige Fassung des Dokumentes. Er hatte zwei Vorbehalte. Erstens wies er auf den Mangel an christlichem Realismus hin, den er in der dargestellten Weltsicht des Textes erkannte, zudem kritisierte er den zu großen Optimismus. Mit Blick auf den Atheismus erklärte er, dass »es notwendig ist, zu unterscheiden, zwischen dem Atheismus, der aus der persönlichen Anschauung entsteht, und demjenigen, der von außen durch Druck verschiedener Art, sei es physisch oder moralisch, aufgezwungen wird, vor allem dann, wenn es nicht möglich ist, den Glauben im öffentlichen und amtlichen Leben zu bekennen, und dadurch der Atheismus nahezu erforderlich ist und mit in das Erziehungssystem der Jugend getröpfelt wird, auch wenn es gegen den Willen der Eltern ist«.

Schließlich kam es in den Konzilsdokumenten nicht einmal zur kleinsten Erwähnung des Kommunismus (im Sachregister des Zweiten Vatikanischen Konzils fehlt das Stichwort völlig). An diesem Schweigen litt der Erzbischof sehr.

Zwischen der Kultur und den bischöflichen Aktivitäten

Zu den Aufgaben Karol Wojtyłas im Rahmen der Polnischen Bischofskonferenz, deren Vizepräsident er war, gehörten die kulturellen Beziehungen zu den Universitäten und die Seelsorge der Laien. Als Präsident der bischöflichen Kommission für das Apostolat der Laien setzte er sich dafür ein, dass, gemäß den Leitlinien des Zweiten Vatikanischen Konzils, die Laien verantwortlichere Tätigkeiten im Leben der Kirche übernehmen konnten.

Ebenfalls wichtig war es ihm, im Rahmen seiner Aufgaben die Kultur zu fördern und das Niveau der theologischen Studien in den Priesterseminaren zu heben, weil er genau wusste, dass dies der einzige Weg war, um die nötigen Professoren für die theologischen Fakultäten auszubilden. Auf seine Initiative hin wurde ein wissenschaftlicher Rat gegründet, den er persönlich leitete.

Als Mensch mit einem ebenso breiten wie tiefen kulturellen Wissen bewegte er die Theologieprofessoren nicht nur dazu, Arbeiten über zeitgenössische Themen zu schreiben, auch er selbst verfasste wissenschaftliche Artikel, die in verschiedenen Zeitschriften Polens veröffentlicht wurden. Er verschlang viele Bücher und verwendete die kleinste Möglichkeit, um zu lesen und Informationen zu erhalten. Um seine Lektüre nicht allzu oft unterbrechen zu müssen, ließ er im Auto an den Vordersitzen eine besondere Lampe montieren. Eine Anekdote besagt, dass eine Frau ihm während des Urlaubs einmal aus einem Buch vorlas, wie ihre Tochter, die das Gleiche tat, nur aus einem anderen Buch, und er selbst sei dabei ebenfalls in die Lektüre eines Buches vertieft gewesen.

In Krakau arbeitete Wojtyła in der Kapelle auf der Franziskaner-Straße, wo er ohne unnötige Unterbrechungen das Lesen und das Gebet genießen konnte. Um die Konzentration beizubehalten, las er manchmal mit in kaltes Wasser eingetauchten Füßen. Eine ganze Anzahl von Leuten sah ihn vor dem Schreibtisch knien, der bis zum heutigen Tag auf der linken Seite des Tabernakels steht. Das Gebet war ihm eine ununterbrochene Kraftquelle und Inspiration, weshalb er während der Pausen zwischen den Klassen im Priesterseminar für eine schnelle spirituelle Stärkung meist in die Kapelle eilte.

Mitte der 1950er-Jahre ließ die polnische Regierung, in der Hoffnung, die Kirche zu schwächen, die Fakultäten für katholische Theologie an den Universitäten in Warschau und Krakau schließen. An deren Stelle wurde in Warschau die Akademie der Katholischen Theologie geöffnet. Hinsichtlich dieser Institution gab es zwischen Wojtyła und Kardinal Wyszyński Meinungsverschiedenheiten. Kardinal Wyszyński versuchte, den Unterricht an der Akademie an der Strömung der katholischen Orthodoxie zu orientieren, und war zufrieden mit dem Ergebnis, weil für ihn die Akademie lediglich ein Instrument für den Dienst der Kirche war. Wojtyła hingegen sprach sich gegen die Annahme der Akademie durch den Heiligen Stuhl aus. Obwohl er die Aufrechterhaltung der doktrinären Orthodoxie bestätigte, wollte er nicht, dass dieses Institut, bezahlt von der kommunistischen Regierung, als rechtmäßige Nachfolgerin der geschlossenen Fakultäten galt. Mit seiner Haltung riskierte Wojtyła, dass die Kirche das Recht auf eine eigene theologische Fakultät verlieren konnte.

Der frühere polnische Präsident, General Wojciech Jaruzelski, erinnert sich wie folgt: »Wir haben oft Primas Wyszyński und Kardinal Wojtyła verglichen. Den Primas sahen wir als ›Gestein‹ an, während Wojtyła als ›Eisbrecher‹ im positiven Sinne des Wortes galt, also als ein Mann, der fähig ist, Vorurteile auf beiden Seiten zu überwinden.«

Die Kommunisten versuchten, beide zu entzweien, indem sie sagten, dass Wyszyński unelastisch und unnachgiebig sei, während Wojtyła ein gebildetes und offenes Wesen besitze. Aus diesem Grund tat Wojtyła alles, um keinen Raum für Zweideutigkeiten zu lassen, definitiv und eindeutig stand er an Wyszyńskis Seite. Die Behörden, die Wojtyła für geneigter hielten, um bei Problemen zu Kompromisslösungen zu kommen, mussten erkennen, dass sie falsch lagen. Den ultimativen Beweis dafür erhielten sie, kurz nachdem man Kardinal

Wyszyński den Pass für die Reise nach Rom, wo er an den ersten wichtigsten Beratungen der Synode im September 1967 teilnehmen wollte, verweigert hatte. Als Zeichen der Solidarität verzichtete Wojtyła auf die Teilnahme, obwohl man ihn nicht behindert hatte.

Seine Beziehung zu Kardinal Wyszyński war sehr loyal. In späteren Gesprächen erinnerte Wojtyła oft an den Primas und unterstrich stets dessen außergewöhnliche Persönlichkeit und Fähigkeit, in für die katholische Kirche schwierigen Zeiten die Einheit der polnischen Bischöfe aufrechterhalten zu haben. Die Hauptaufgabe der Bistümer jeden Landes sei, wie Wojtyła oft betonte, ihre Übereinstimmung, die eine Garantie für den Erhalt und Vitalität der Kirche darstelle. Unterschiede könne es geben, doch seien sie zweitrangig (eine mögliche Anspielung auf die Unterschiede zwischen ihm und dem Primas), solange die Einheit zwischen den Bischöfen existiere.

Kontinuierlich arbeiteten die polnischen Bischöfe damals, um externe Konflikte zu überwinden, an einer großen Versöhnungsinitiative, bei der Wojtyła eine sehr wichtige Rolle spielte und die für große Aufregung und Polemik sorgte. Es handelt sich um den bekannten Brief, der am 18. November 1965 von der Polnischen Bischofskonferenz an die Deutsche Bischofskonferenz geschickt wurde, in einer symbolischen Geste der Versöhnung zwischen beiden Nationen, die sich während des Zweiten Weltkrieges so unversöhnlich gegenüberstanden. Im Text wurden die Worte von Horaz verwendet, die bereits Papst Paul VI. in einem Brief vom 29. September 1962 an die von der katholischen Kirche getrennten Brüder zitiert hatte: »*Veniam Damus Petimusque Vicissim*« (Wir vergeben und bitten um Vergebung).

Trotz der feindlichen Propaganda der kommunistischen Machthaber und der Schwierigkeiten, die viele polnische Katholiken damit hatten, diese Geste zu akzeptieren, war die Initiative zweifellos positiv und konstruktiv. Aus der historischen Perspektive betrachtet lässt sich sagen, dass bei diesem mutigen Schritt zum ersten Mal ein typisches Merkmal von Papst Johannes Paul II. enthüllt wurde: der Wunsch, die Wunden der Vergangenheit zu überwinden, das Streben, die Einheit zwischen den Menschen zu bauen und den Blick im neuen Geist nach vorn zu richten.

Kardinal Wojtyła war auch der Erste der polnischen Bischöfe, der bei einer Reise nach Westdeutschland, im September 1975, auch in der DDR Halt machte. Es war eine kleine, aber sehr bedeutende Geste der Ermutigung für die einsame Kirche dort, die sich aufgrund der Unterdrückung durch die Behörden in ernsten Schwierigkeiten befand. Wojtyła ging nach Erfurt, wo sich gerade eine Demonstration von Katholiken abspielte. Er feierte dort die heilige Messe und traf sich mit Bischof Joachim Meisner, dem späteren Kardinal und Erzbischof von Köln, mit dem ihn ein tiefes Band der Freundschaft verband.

In der Kühle von Nowa Huta

Um die Beiträge aller Priester der Diözese Krakau richtig einschätzen zu können, rief Erzbischof Wojtyła den Priesterrat ins Leben, ein Organ, dessen Empfehlungen er vor jeder wichtigen Entscheidung suchte. Der Rat bestand aus dreißig Priestern, die alle vier Jahre in demokratischen Wahlen aus dem gesamten Klerus gewählt wurden. »Von Anfang an setzte Wojtyła ein großes Vertrauen in den Rat, nach dem Beispiel Christi, dass dieser in die Kirche und in seine Apostel gesetzt hat«, sagt ein früheres Mitglied dieses Rates. »Zu Beginn jeder Sitzung des Rates feierte Wojtyła die heilige Messe, legte das Wort Gottes aus, um daraufhin eine Debatte einzuleiten.

Die Atmosphäre während der Arbeit war herzlich, freudig und brüderlich. Jeder hatte die Gelegenheit zu sprechen und wusste, dass seine Meinung mit Dankbarkeit und Aufmerksamkeit aufgenommen wurde.« Der Priesterrat setzte viele Initiativen in Gang hinsichtlich der Ausbildung, Zusammenarbeit und Kooperation von Priestern, die vom Erzbischof gern gebilligt wurden.

Der Dialog war für Wojtyła die Grundlage. Angesichts eines Problems machte er zunächst eine gründliche Analyse der Situation, dann beriet er sich mit Menschen, die ihm dabei helfen konnten, eine Lösung zu finden. Er akzeptierte nie, dass etwas nicht gelingen, nicht funktionieren könne, im Gegenteil – er versuchte immer, den Stand der Dinge zu verändern. Wenn er ein Treffen leitete, begann immer mit der Einladung, das Problem so darzustellen, »wie es sich im Licht des Glaubens zeigt«.

Die Person, die ihn um Rat fragte, konnte sich immer darauf verlassen, dass er sich mit dem genannten Problem ernsthaft und sorgfältig auseinandersetzte. Ein Bischof, dem eine ehrenvolle Aufgabe verliehen wurde, fragte ihn: »Sie kennen mich sehr gut. Was soll ich tun, um mein neues Amt effektiv auszuüben?« Wojtyła dachte über die richtige Antwort nach und sagte dann: »Dies ist die gleiche Frage, die ich in einer ähnlichen Situation an meinen Vorgesetzten gestellt habe, und dieser antwortete mir einfach mit: Sei du selbst. Das Gleiche sage ich jetzt dir.«

Eine andere Antwort gab er Menschen, die mit einer wichtigen Entscheidung rangen. »Hast du darüber nachgedacht, was deine Berufung ist?«, fragte Wojtyła dann. »Als einige Politiker einen Hungerstreik begannen«, erinnert sich ein ehemaliger Student, der die akademische Seelsorge von Krakau in Anspruch nahm, »ging ich zu Wojtyła, der unser geistlicher Begleiter war, und fragte ihn, was zu tun sei. Die Antwort war einfach: ›Hast du dich selbst genau gefragt, was jetzt deine Berufung ist? Vielleicht ist es die, Familienvater zu sein, vielleicht die, Lehrer oder Politiker. Wenn du eine überzeugende Antwort findest, wirst du wissen, was zu tun ist!‹

Um die Erneuerung des Lebens der Ortskirche zu unterstützen, machte er fast jeden Sonntag einen seelsorgerlichen Besuch in seinen Gemeinden. Bei diesen Anlässen zitierte er in Gesprächen den heiligen Augustinus: *Vobis sum episcopus, vobiscum cristianus* (Für euch bin ich Bischof, mit euch bin ich Christ).

Während dieser Besuche begrenzte sich Wojtyła nicht nur auf die heilige Messe und die Predigt, sondern traf sich immer mit verschiedenen Gemeinschaften der Pfarrei, mit Kindern, Jugendlichen, Studenten und Intellektuellen. Er segnete die Eheleute, sodass sie sich in allen Momenten des Lebens auf der Erde unterstützen und auf dem Weg des Heils helfen mögen. Er ging zu den Häusern von kranken Gemeindemitgliedern, die nicht zu den Treffen kommen konnten, er ging zu den Krankenhäusern und Pflegeheimen und gab auch dort Worte der Ermutigung sowohl an die Patienten wie auch an die Ärzte und das ganze medizinische Personal.

Eine besondere Ausdauer zeigte er bei der Realisierung eines weiteren, von ihm selbst gestellten Zieles, nämlich dem Bau neuer Kirchen in der Diözese. Diese Idee stand natürlich im Konflikt mit dem herrschenden Regime. Eine symbolische Bedeutung besaß dabei der Fall Nowa Huta. In den Plänen der Kommunisten sollte dieser neue Arbeiterstadtteil die erste Stadt ohne Gott sein. Der Erzbischof hatte jedoch nicht die Absicht nachzugeben und strebte beständig danach, dass auch in diesem Ort ein Haus Gottes gebaut werde. Er realisierte seine Absicht auf unterschiedliche Weise. Einmal beispielsweise organisierte er dort eine Mitternachtsmette unter freiem Himmel. Die Kirche wurde zur großen Freude der

Gläubigen erbaut, und am 15. Mai 1977 fand in Anwesenheit von fünfzigtausend gerührten Gemeindemitgliedern die Kirchenweihe statt.

Dieses Ereignis zeigte nicht nur die zweifellos vorhandene Ausdauer Wojtyłas bei seinen Vorhaben, sondern auch seine Fähigkeit, Entscheidungen frei von Vorurteilen und Umständen zu treffen. So vertraute er zum Beispiel den Bau der Kirche dem Priester Józef Gorzelany an, der ein ähnliches Projekt in Filipowice realisiert hatte. Wojtyła wählte ihn trotz vieler Stimmen des Widerspruchs und einer Reihe von Vorbehalten gegen dessen Qualifikation, die mit dessen Zugehörigkeit zur »Caritas«, einer staatlichen Wohltätigkeitsorganisation, die von der Polnischen Bischofskonferenz nicht akzeptiert wurde, begründet wurden.

Während des Polenbesuchs von Erzbischof Agostino Casaroli, einem der größten Förderer der Ostpolitik des Vatikans, der eine Politik der vorsichtigen Öffnung des Vatikans gegenüber den Regierungen in Osteuropa betrieb, teilten die polnischen Behörden diesem mit, dass sie bis zu sechzig Bauerlaubnisse für neue Kirchen geliefert hätten (in der Tat für kleine Kapellen in kleinen Dörfern). Wojtyła lud den Besucher aus dem Vatikan daraufhin in das Dorf Krowodrze ein, wo sich heute die Kirche der heiligen Königin Jadwiga befindet. Es war November, es regnete in Strömen, abwechselnd mit Schnee. In der Baracke, in die höchstens fünfzig Gläubige hineinkommen konnten, feierten sie zusammen die heilige Messe. Es waren jedoch viel mehr Gläubige gekommen, denn mindestens zehnmal so viele Menschen standen draußen im Hof. Nach seiner Rückkehr nach Warschau, wandte sich der durchkühlte Erzbischof Casaroli wieder an die kommunistischen Behörden, wo er seinem Ärger, falsche Informationen über die wirklichen Bedürfnisse zum Bau neuer Kirchen erhalten zu haben, freien Lauf ließ.

Wojtyla war stets bereit, Maßnahmen zur Verteidigung der Existenz der Kirche zu ergreifen und für den Schutz der Güter, die unentbehrlich für die Realisierung ihrer Mission waren, zu kämpfen. 1962 verbreitete sich das Gerücht, die Behörden wollten der Kirche das Seminargebäude, das sich auf der Manifest-Lipcowy-Straße befindet, wegnehmen, um darin ein Studentenheim für die Studenten der Hochschule für Pädagogik zu öffnen. Auf diese Nachricht hin legte der Erzbischof zunächst in einem Akt des Vertrauens das Schicksal des Seminars in die Hände Mariens, dann ordnete er den Seminaristen an, aus der Andacht zurück zum Gebäude zu gehen. Auf diese Weise gab er den Behörden zu verstehen, dass an dem von den Kommunisten geplanten Einzugsdatum er und die Seminaristen vor dem Gebäude stehen würden. Über die Absicht, das Seminargebäude zu enteignen, war fortan nichts mehr zu hören.

Eine absolute Neuheit in der Diözese war die Fürsorge, mit welcher der Erzbischof sich jungen, alleinerziehenden Müttern widmete. Einige ältere Priester missbilligten dieses Engagement, sie sahen nicht ein, dass man Frauen helfen sollte, die sie als »sündhaft« ansahen. Diese Priester warfen ihm vor, dass er auf diese Weise fehlerhaftes Verhalten rechtfertige. Wojtyła aber antwortete, dass das Hauptziel dieser Maßnahme der Schutz der unschuldigen Kinder sei (es waren rund tausendfünfhundert).

1974 fragte der Kardinal Bernarda Krzeczkowska, die Oberin der Kongregation der Schwestern der Heilige Familie von Nazareth, ob die Schwestern das Haus von jungen Müttern leiten könnten. Die Oberin teilte Wojtyła offen ihre Zweifel mit: »Was wird passieren, wenn dadurch bei den jungen Schwestern den Mutterinstinkt wachgerufen wird und sie die Kongregation verlassen?« Wojtyła versicherte ihr: »Wir werden das riskieren, Mutter. Ich weiß, dass dies ein Anliegen Gottes ist, und Sie werden sehen, dass ihre Sorgen unbegründet sind.« Und tatsächlich, genauso kam es, keine der Schwestern verließ aus diesem Grund die Kongregation, im Gegenteil, die Zahl der Berufungen wuchs.

Zum ersten Mal kam am 4. November 1974 eine junge Mutter in das Haus an der Warszawska-Straße. Wojtyła versprach, sich um jede schwangere Frau zu kümmern, ohne Ausnahme und egal, aus welchem Teil des Landes sie komme. Diese Nachricht verbreitete sich sehr schnell und bald meldeten sich viele Mädchen aus allen Regionen Polens. 1978 reichten die Kapazitäten des Gebäudes nicht mehr aus, um alle Frauen, die Hilfe suchten, aufzunehmen. Aus diesem Grund ging die Oberin Cherubina Zofia Bokota in Begleitung der Provinzalin noch vor der Abreise des Kardinals zum Konklave zu ihm, um ihn zu fragen, was zu tun sei. Die Antwort lautete, ein neues Gebäude zu kaufen. Das Haus für alleinerziehende Mütter war fortan auf der Przybyszewskiego-Straße 39. Den Kauf des Gebäudes finanzierte Wojtyła teilweise selbst, teilweise mithilfe der Diözesankasse.

Der Lebensschutz besaß für ihn auch während des Pontifikats oberste Priorität. Einer der Zeugen des Seligsprechungsprozesses erzählt, dass Johannes Paul II. ihn eines Tages, während einer Diskussion zu diesem Thema, durchdringend angeschaut habe, um dann in einer Geste enormer Stärke mit erhobener Hand zu sagen: »Wir müssen jede mögliche Maßnahme ergreifen, um gegen das abscheuliche Verbrechen der Abtreibung Widerstand zu leisten.« Der Gesprächspartner war daraufhin wie gelähmt: In dieser Geste und in diesem Blick lag die gleiche Energie, die im Tal der Tempel bei den Worten aufflammte, mit denen er die Mafia verurteilte, und die gleiche Entschlossenheit, mit welcher er in Nicaragua während der heiligen Messe über das Problem der Sandinisten sprach.

Im Visier des polnischen Geheimdienstes

Eine so starke und autoritäre Persönlichkeit wie die Karol Wojtyłas konnte vor den polnischen Behörden nicht unbeachtet bleiben, weshalb sich auf ihn die Augen des Sicherheitsdienstes richteten. Die historische Kommission des Seligsprechungsprozesses hat die Phasen und die Dynamik der Operation dieser Form von Kontrolle in unterschiedlichen Zeiträumen sorgfältig rekonstruiert. Die Informationen stammen aus dem Archiv des Instituts für Nationales Gedenken (IPN) in Krakau, in besonderer Weise gehören dazu die wissenschaftlichen Studien von Marek Lasota, der diesem Thema ein ganzes Buch gewidmet hat: *Die Denunziation Wojtyłas: Karol Wojtyła in den Dateien der Geheimpolizei* (*Donos na Wojtyłę: Karol Wojtyła w teczkach bezpieki, Znak, 2006*).

Der erste Hinweis darauf, dass die kommunistischen Behörden sich für Karol Wojtyła interessierten, stammt aus dem Mai 1946, als die III. Sektion des regionalen Amtes für öffentliche Sicherheit (WUPB) in Krakau seinen Namen auf eine Liste setzte: »Wojtyła Karol, bewohnt die Podzamcze-Straße 8, Sohn von Karol und Emilia, geboren am 18. V. 1920, von Beruf Kleriker, Student der Theologie in Krakau«. Neben dieser Notiz gibt es eine Parafierung von Jan Sikorski, einem Offizier, der beauftragt wurde, den Charakter des jungen Seminaristen genauer zu untersuchen.

Wenige Jahre später, Ende 1949, notierte der Agent, der mit dem Pseudonym Żagielowski unterschrieb, Beobachtungen über die Pfarrei des heiligen Florian in Krakau. »Ich habe mehr oder weniger untersucht, wie dieser Ministrantenkreis bei Pfarrer Kurowski in der Pfarrei des heiligen Florian aussieht. (Ich konnte nicht überprüfen, ob er bereits verzeichnet ist).« Unter anderem schreibt er auch: »Der für sie verantwortliche Leiter ist Pfarrer Kurowski selbst, in Vertretung von ihm leitet sie ein neu zugewiesener Pfarrer namens Wojdyła (sic!), früher leitete sie Pfarrer Obtułowicz. Die Versammlungen dauern 2 Stunden mit Vorträgen und Gesellschaftsspielen.«

Für einen Moment scheint es, dass der Geheimdienst aufhörte, sich für ihn zu interessieren. Eine weitere Notiz wurde erst am 17. Januar 1956 erstellt vom Leiter der Abteilung für die Religion in Krakau: »Ich führte das Gespräch mit Pfarrer Dr. Karol Wojtyła. Während des Gespräches wurde mir klar, dass der oben Erwähnte ein Dozent für Moraltheologie in drei Diözesanseminaren ist. (…) In Bezug auf die Arbeit und das Verhältnis zu den sozial-fortschrittlichen Katholiken sagt er, dass er sich nicht in diese Fälle einmischen wolle und dass er sich lieber davon fern halte. Ebenso ist Pfarrer Wojtyła ein eifriger Befürworter der päpstlichen Exkommunikation für ›Wichtige Überlegungen‹ von Piasecki und für die Schrift ›Heute und morgen‹, die er nicht gelesen hat und nicht liest. Das Treuegelübde zur Volksrepublik hat er nicht abgelegt.«

Das besagte Wochenblatt *Heute und morgen (Dziś i Jutro)* war ein Publikationsmedium, das am 25. November 1945 von der Organisation »PAX« gegründet worden war und sich an die fortschrittlichen Katholiken, die so genannten Anhänger der Umwandlung des polnischen Staates im sozialistischen Geist, richtete. Der führende Kopf dieses Wochenblatts war Bolesław Piasecki, der in dem programmatischen Buch *Wichtige Überlegungen (Zagadnienia istotne)*, veröffentlicht im Dezember 1954, die Veränderungen der sozialen Bedingungen aus der katholischen Optik beschrieb. Sechs Monate später setzte das Lehramt der Kirche sowohl sein Buch ebenso wie das von PAX herausgegebene Wochenblatt *Heute und morgen* auf den Index, weil es falsche Informationen über die Situation der katholischen Kirche in Polen verbreite und wegen der Vermischung der katholischen Lehre mit der marxistischen Ideologie für Verwirrung sorge. Nur aufgrund der Intervention von Bischof Klepacz, der damals – während der Internierung von Kardinal Wyszyński (1953–1956) – Vorsitzender der Polnischen Bischofskonferenz war, exkommunizierte der Heilige Stuhl Piasecki und seine Organisation nicht.

Nach der Wahl von Wojtyła zum Weihbischof von Krakau (4. Juli 1958) stieg das Interesse der Regierung an seiner Person enorm, was die große Anzahl von Dokumenten über ihn belegt. Diesen Dokumenten zufolge kontrollierte der Sicherheitsdienst einerseits sorgfältig alle Kontakte des Bischofs mit den Krakauer Oppositionskreisen, die gegen das Regime eingestellt waren, andererseits versuchte der Sicherheitsdienst alles, um ihn dabei zu behindern, seiner Arbeit nachzugehen. »Seit Ende der Fünfzigerjahre engagiert sich Wojtyła aktiv in der Organisation von Laien, vor allem der Gebildeten und der Jugend. Es gelang ihm, um sich herum viele Experten und Mitarbeiter zu sammeln. Er organisiert eine Reihe von Konferenzen, Versammlungen und Kongressen, sowohl die Treffen der Intelligenz und die der Jugend. Wojtyła hat sich einen großen Respekt bei den Bischöfen und Pfarrgeistlichen erworben, in erster Linie aber unter den katholischen Aktivisten.« Wojtyła unterstützte insbesondere die Arbeit des Klubs der katholischen Intelligenz in Krakau, der in allen großen polnischen Städten existierte und viele Laien anzog.

Zu Beginn der Sechzigerjahre bildete der Sicherheitsdienst unter dem Kryptonym »Gruppe F« eine Einheit, die mit der kontinuierlichen Überwachung von Bischof Wojtyła betraut war. Die Ratschläge für die Agenten waren sehr präzise: »Systematisch die offiziellen Auftritte des Verdächtigen in Krakau sowie in der ganzen Diözese im Zusammenhang mit großen kirchlichen Feiern verfolgen. Bewerten seiner Auftritte mit Blick auf: wie interpretiert der Verdächtige die Wandlungen in unserem Land (politisch, wirtschaftlich und kulturell); wie sieht die Einstellung aus, die er den Gläubigen nahelegt, z. B.

bezüglich der Katechese der Jugend und der Erwachsenen, die praktische Umsetzung des Programms »Große Novene« etc.; prüfen, ob es bei diesen Auftritten feindliche Akzente gegen die Volksherrschaft gibt, möglicherweise Anspielungen.«

Die Behörden beschränkten sich bei der »Überwachung« nicht nur auf die öffentliche Tätigkeit Wojtyłas, auch sein Privatleben beobachteten sie. »Systematische Beobachtungen der Kontakte durchführen, die zur Privatwohnung von Bischof Wojtyła kommen. Das oben Genannte nach der Erlangung der Signale aus der Abteilung ›T‹ über die Treffen machen, die stattfinden sollen. Beobachtungen und Feststellungen durchführen, egal, zu welcher Zeit des Tages. Durch die Abteilung der Religion des Nationalrates der Stadt Krakau und die Abteilung der lokalen Angelegenheiten, Stadtteil Altstadt, den Verdächtigen vor der Konfliktkommission anklagen wegen Verhinderung der Durchführung der Tatort-Besichtigung in seiner Privatwohnung. Dazu die Tatsache nutzen, dass trotz schriftlichen Hinweises und mehrmaliger Ankunft die Wohnungskommission ihre Aufgaben nicht durchführen konnte.«

Als Wojtyła nach dem Tod von Erzbischof Baziak zum Kapitalvikar gewählt wurde, intensivierte der Sicherheitsdienst seine Aktionen. Damals mussten Ernennungen von Bischöfen durch die polnischen Behörden genehmigt werden. Deswegen überreichten kirchliche Delegate mehrmals und informell Listen der potenziellen Kandidaten der Kirche an Zenon Kliszko, den Verantwortlichen in religiösen Fragen. Obwohl der Name Wojtyła nicht an der Spitze der Liste stand, betont Kliszko, dass die Partei gerade ihn bevorzugte: Man dachte, dass Wojtyła sich nicht besonders für politische Angelegenheiten interessiere, sondern ein Gelehrter, ein Philosoph sei. Im Gespräch mit Kardinal Wyszyński nannte Kliszko Wojtyła »einen Mann des Dialogs«, weil er sich an die Verhandlungen mit dem Weihbischof über das Seminar in Krakau erinnerte.

Eine andere Meinung hatte der Sicherheitsdienst, der auf den Namen Wojtyła mit einer starken Ablehnung reagierte. »Gegen die Kandidatur von Bischof Wojtyła sprechen folgende Überlegungen: Bischof Wojtyła bekennt sich uneingeschränkt zur Kirche. Als hervorragend geeigneter Mann und guter Organisator ist er wahrscheinlich der einzige Bischof, der nicht nur Kurienmitglieder und den Diözesanklerus konsolidieren könnte, sondern einen Teil der Intelligenz und der katholischen Jugend an sich ziehen könnte, unter diesen genießt er eine hohe Autorität. Im Gegensatz zu vielen anderen Verwaltern der Diözese weiß er, wie man eine Beziehung zu den zahlreichen Orden auf dem Gebiet der Diözese knüpft. Trotz des Scheins von Kompromiss-Auftritten und der Flexibilität in den Beziehungen mit den Behörden ist er ein sehr gefährlicher idealer Gegner.«

Auch der Heilige Stuhl reagierte und schickte zur Klärung Franco Costa, der ein enger Freund von Paul VI. und dazu der oberste kirchliche Assistent der Katholischen Aktion in Italien war, auf das polnische Gebiet. Nach seiner Rückkehr gestand Costa, dass er über die spirituelle Stärke und das große kulturelle Wissen des jungen Bischofs Karol Wojtyła überrascht sei. Die Worte, die er dem Montini-Papst mitteilte, lauteten mehr oder weniger wie folgt: »Polen bietet nicht nur Kardinal Wyszyński an. Es hat auch jüngere Bischöfe wie Wojtyła, der nicht weniger wertvoll ist als der Primas.«

Wojtyła war sich der Verwirrung um seine Person bewusst. Dies beweist der letzte Satz seines Brief vom 14. Dezember 1963 an Pater Pio von Pietrelcina, geschrieben in Rom, wo er sich aufhielt, um an den Beratungen des Zweiten Vatikanischen Konzils teilzunehmen: »Zur gleichen Zeit möchte ich Ihrem Gebet auch die großen Schwierigkeiten anempfehlen, mit denen meine bescheidene pastorale Arbeit in der gegenwärtigen Situation zu kämpfen hat.«

Schließlich aber wurde Wojtyła, wie man weiß, zum Erzbischof von Krakau gewählt. Der Sicherheitsdienst wurde angehalten, seine Aktivitäten zu intensivieren und die Kontrolle Wojtyłas außerhalb des Landes auszuweiten. Die Analysten der Polnischen Vereinigten Arbeiterpartei skizzierten ein genaues Bild seiner Arbeit in Rom: »Seine eifrige Teilnahme an der Vorbereitung der Konzilsdokumente, die Beteiligung an Diskussionen während der Sitzungen des Zweiten Vatikanischen Konzils sowie die Arbeit in den Konzilskommissionen wurde auch im Vatikan geschätzt. Ohne Zweifel war dies der Grund, dass Wojtyła im Juni 1967 vom Papst zum Kardinal ernannt wurde.«

Den Titel Kardinal erhielt er am 28. Juni 1967 durch Papst Paul VI. Von diesem Zeitpunkt an wurde das Archivmaterial von Jahr zu Jahr immer umfangreicher, was belegt, dass die Behörden wussten, dass Wojtyła zum wichtigsten Vertreter der römisch-katholischen Kirche in Polen und damit zu einem der gefährlichsten Feinde des kommunistischen Regimes in Polen geworden war.

In diesen Dokumenten gibt es detaillierte Beurteilungen seiner Person und seiner Tätigkeit, in denen auch eine Art Bewunderung für ihn seitens der Beschreibenden mitschwingt. »Er gilt einstimmig als eine begabte, fleißige und ehrgeizige Person, als einer der intelligenteren Bischöfe, vernunftbegabt und mit klaren Überzeugungen ausgestattet. In seinem Privatleben ist er gesellig, direkt und bescheiden. Er lässt die anderen seine Position in der Kirche und sein großes Wissen nicht spüren. Er kümmert sich nicht besonders um materielle Dinge. Er liest viel. Es ist nicht nachgewiesen worden, dass er versucht hat, andere zu imitieren. In der Aktion bevorzugt er immer seine eigene Beurteilung der Situation. Im Umgang mit den Priestern besitzt der Kardinal einen schwungvollen Elan, gleichzeitig ist er ein sanfter und offener Verwalter der Diözese.«

Eine flammende Predigt

Der Erzbischof lehnte Einladungen für Gespräche vonseiten der Behörden damals nicht ab. Im Gegenteil, er benutzte die Gespräche, um seine moralische Kraft zu zeigen, von der er überzeugt war. Sehr gut beschreibt es die Notiz des Leiters des Amtes für den Kult: »Dies ist das erste persönliche Treffen von Wojtyła mit den regionalen Führungsorganen. Ich habe ihn nie ›in Bewegung‹ gesehen. Auf Grundlage des Vergleichs mit anderen kann ich jetzt meine Schlussfolgerungen ziehen. Wojtyła versuchte ein wenig anders zu sein als die, die wir kennen (Jerzy Karol Ablewicz, Erzbischof von Tarnów, Jan Jaroszewicz, Bischof von Kielce), weil er ein gewisses Maß an Spontanität in der Lebensart und im Verhalten zeigt. Dies bedeutet, dass er bereits von Beginn des Gespräches an eine bequeme Möglichkeit, auf dem Stuhl zu sitzen, suchte und das Kinn mit dem Daumen abstütze; er wollte, dass seine Bewegungen ruhig und ganz natürlich waren. Vielleicht wollte er auf diese Weise sein Selbstbewusstsein unterstreichen, sodass wir erkennen, was für eine wichtige und bedeutende Person er sei. Gleichzeitig war er sehr direkt. Immerzu strahlte er ein Lächeln aus, das ein wenig nachsichtig wirkte. Und dann formulierte er seine Gedanken völlig frei. Er ließ sich Zeit mit den Antworten, sie waren klar und logisch.«

Die Stärke seiner Argumente, die er denkerisch entwickelte, brachte die kommunistischen Führer, die für die Fragen der Diözese verantwortlich waren, oft in Schwierigkeiten. Dies gab der Leiter der Delegation des Amtes für den Kult, Kąkol, während eines Treffens in Polen mit dem Apostolischen Nuntius Luigi Poggi Mitte der Siebzigerjahre offen zu. Während des Seligsprechungsprozesses erzählt einer der Augenzeugen, dass »während einer der Pausen des Treffens, als man über einige der polnischen Bischöfe sprach, Kąkol in Bezug auf Wojtyła sagte, man müsse sich bei der Beantwortung seiner Briefe müde arbeiten, um ihm die entsprechenden Argumente zu nennen.«

Es waren klare und deutliche Worte, die der Erzbischof an seine Gesprächspartner auf Seiten der Behörde richtete, manchmal enthielten sie eine spannende und ungewöhnliche Energie, zum Beispiel während einer Pilgerreise nach Kalwaria Zebrzydowska in den frühen 1970er-Jahren. Wie einer der Zeugen berichtet, hielt Wojtyła dort seine feurigste Predigt gegen die herrschenden Kommunisten, in welcher er sie sehr stark kritisierte. Während der Rückfahrt nach Krakau fragte ihn der Zeuge: »Was ist passiert, Herr Kardinal? Zum ersten Mal hörte ich Sie so wütend.« Wojtyła antwortete darauf: »Ich fühlte während der heiligen Messe, dass in mir eine Kraft aufsteigt, ein Befehl, zu dem ich nicht ›Nein‹ sagen konnte.« Von diesem Moment an trieb diese Kraft seine Predigten und Reden ständig an, was der polnischen Führung Anlass zur Sorge war.

Die Behörden wussten gut, mit wem sie es zu tun hatten. Dies zeigt auch eine der vielen Analysen kommunistischer Beamter, die Mitte der 1970er-Jahre erstellt wurde: »Die Analyse der Aktivitäten der römisch-katholischen Kirche in Polen zeigt, dass seit mehreren Jahren die Krakauer Kirche die Hauptrolle spielt und mehr und mehr den Schwerpunkt des Lebens und der Tätigkeiten der Kirche in Polen bestimmt. Ohne den Metropoliten von Krakau dämonisieren zu wollen, muss man jedoch objektiv feststellen, dass seine Weisheit und Autorität darin besteht, unter anderem das wissenschaftliche Potenzial, das der Kirche in Krakau zur Verfügung steht, ausgezeichnet zu nutzen, so gewinnt er nicht nur die katholischen Arbeitsgruppen für ein Engagement im Dienst der Kirche, sondern auch andere Menschen, die in den wissenschaftlichen Kreisen Krakaus eine bedeutende Rolle spielen.«

Als Wojtyła im Jahr 1978 zum Papst gewählt wurde, füllte die Dokumentation zu seiner Person, die der Sicherheitsdienst an das Ministerium des Innern nach Warschau übertrug, ungefähr achtzehn volle Kartons. Angesichts dieses so unerwarteten Ereignisses, zeigten einige Analysten des politischen Büros einen vorsichtigen Optimismus: Vom Vatikan-Hügel genieße man eine bessere Aussicht als vom Krakauer Wawel-Hügel – so argumentierten sie. Und hofften, dass Kardinal Wojtyła nach der Einnahme des päpstlichen Throns die Möglichkeit haben werde, die Welt um ihn herum besser kennenzulernen, und so werde er sich von den großen Einschränkungen des Kapitalismus und der Armut der unterentwickelten Länder überzeugen und als Konsequenz seine Meinung über den Wert des Kommunismus ändern. Diese Hoffnungen erwiesen sich als unbegründet.

Der polnische Sicherheitsdienst setzte die Überwachung auch in den 1980er-Jahren ununterbrochen fort, mit verstärkten Kontrollen während der päpstlichen Wallfahrten nach Polen in den Jahren 1979, 1983 und 1987. Zwei Jahre später blies über all diese Dokumente bereits der Wind der Freiheit.

Die Glocken von Paul VI.

Gerade als Wojtyła im Jahre 1967 einen Pastoralbesuch absolvierte, kam aus dem Vatikan der Brief mit seiner Nominierung zum Kardinal durch Paul VI. Über den Brief informierte ihn der Kanzler des Erzbischöflichen Palastes. Nach seiner Rückkehr öffnete der Erzbischof den Umschlag, legte den Brief nach dem Lesen auf den Schreibtisch und setzte sich für lange Zeit, ohne irgendein Wort zu sagen, nieder. Nach einiger Zeit fragte ihn der Kanzler, ob dies eine Bestätigung der kreisenden Stimmen über seine Kardinalsnominierung sei. Wojtyła antwortete: »Ja, aber man kann es ablehnen.« Der Kanzler erwiderte, dass man gegen die Entscheidung des Heiligen Vaters keinen Widerstand leisten dürfe. Alle Anwesenden beglückwünschten Wojtyła, während er um Gebet bat. Nach der Rückkehr aus Rom war sein einziger Kommentar: »Auf meinem Rücken bringe ich ein Geschenk für die Erzdiözese.«

Wojtyła und Papst Paul VI. kannten sich seit längerer Zeit, und ihre Bekanntschaft beruhte auf gegenseitigem Respekt und einer tiefen Verbundenheit. Bereits im Jahre 1962, während der ersten Sitzung des Konzils, hatte der Weihbischof die Gelegenheit, dem damaligen Kardinal Giovanni Battista Montini für das großzügige Geschenk zu danken, dass die Erzdiözese Mailand der Stiftskirche des heiligen Florian in Krakau machte: drei neue Glocken mit den Namen »Jungfrau Maria«, »Ambrosius Karl Borromäus« und »Florian«. Mit dieser Bitte war Tadeusz Kurowski, der Pfarrer der Stiftskirche des heiligen Florian, aufgetreten, aber Wojtyła wusste, dass Montini durch diese Geste sein Wohlwollen ihm gegenüber, einem der jüngsten Bischöfe der Welt, äußerte.

Wenige Jahre später, im Jahre 1968, gehörte Wojtyła zu den wenigen Bischöfen, die sich in der frisch entbrannten Diskussion über Ehe und Fortpflanzung offen für Paul VI. einsetzten. In Krakau wurde eine Sonderkommission einberufen, die sich mit diesem Thema beschäftigte und dem Papst viele Argumente lieferte, um gegen die Thesen derjenigen, welche die Position der Kirche zur Frage der Empfängnisverhütung mildern wollten, gerüstet zu sein. Im Juli 1968 kündigte Papst Paul VI. seine Enzyklika *Humanae Vitae* an, in welcher er empfängnisverhütende Mittel als unzulässig beschrieb. Wojtyła verfasste eine Denkschrift zu den programmatischen und pastoralen Folgen der Enzyklika, die am 5. Januar 1969 im »L'Osservatore Romano« veröffentlicht wurde.

Anfang Februar 1976 erfuhr Wojtyła vom künftigen Kardinal, Bischof Władysław Rubin, dass es der Wunsch des Papstes sei, dass er die Fastenexerzitien im Vatikan halte. Wojtyła hatte also nur etwa zwanzig Tage Zeit, um die Texte vorzubereiten, daher zog er sich in das Kloster der grauen Ursulinen in Jaszczurówka zurück: Bis zum Mittag schrieb er die Fastenbetrachtungen (sie wurden veröffentlicht unter dem Titel *Zeichen des Widerspruchs. Besinnung auf Christus*). Am Nachmittag fuhr er Ski und am Abend kehrte er zurück, um weiter zu schreiben.

Über diese Erfahrung erzählt Wojtyła selbst in dem Buch *Auf, lasst uns gehen*: »Diese Begegnung mit Paul VI. im Zusammenhang mit den Exerzitien war für mich besonders wichtig, denn es führte mir zu Bewusstsein, wie notwendig für den Bischof eine unverzügliche Bereitschaft ist, über seinen Glauben zu sprechen, wo auch immer der Herr ihm das gebietet. Die Promptheit braucht jeder Bischof, auch der Nachfolger Petri selbst, so wie Paul VI. damals meine Bereitschaft nötig hatte.« Am 1. November 1993 schrieb Papst Johannes Paul II. an Marek Skwarnicki: »Das Christentum ist umstritten, ebenso wie Jesus und sein Evangelium. Ich selbst habe eine Vorliebe, ein ›Zeichen des Widerspruchs‹ zu sein, auch wenn es nicht mein Verdienst, sondern eine Sache der Gnade ist.«

Einer der Leiter der Römischen Kurie, der bei den Exerzitien anwesend war, erzählt, dass »Wojtyła den Mut hatte, mit dem Papst ein wenig zu p o l e m i s i e r e n . Insbesondere bei dem Treffen, das inhaltlich um Gethsemane kreist, konnte man dies wahrnehmen, als er die Einsamkeit von Paul VI. schilderte. Der Kardinal p o l e m i s i e r t e auf diese Weise: Er beschrieb die verlorene Gelegenheit, die die Apostel auf dem Ölberg hatten, das Gebet Jesu zu beantworten, und lud Paul VI. ein, diese verlorene Möglichkeit nachzuholen. Er wusste nicht, dass zwei Jahre später er selbst gezwungen sein würde, diese Herausforderung auf sich zu nehmen.«

Nach dem Tod von Paul VI. am 6. August 1978 erstellte Kardinal Wojtyła, zusammen mit ein paar Freunden, ein prophetisches Bild der Bedürfnisse der Kirche: »Mir scheint, dass die Kirche, und damit die ganze Welt, einen sehr einfühlsamen Papst braucht. Dies sollte sein Haupt- und unabdingbares Merkmal sein, sodass er der Vater einer religiösen Gemeinschaft sein kann. Asien, Afrika und Lateinamerika kämpfen mit neuen, schwierigen Situationen und brauchen einen Nachfolger von Paul VI., der ihnen helfen kann und in der Lage ist, sich in ihre Schwierigkeiten einzufühlen.«

Ein prophetisches »Habemus Papam«

Das Konklave begann am 25. August 1978. Während der letzten heiligen Messe, die vor dem Gang in die Sixtinische Kapelle gefeiert wurde, sprach der Kardinal das folgende Gebet: »Wir bitten Dich, allmächtiger Vater, wenn ein Mann, der bekennen wird, er sei nicht fähig, diese Last der Verantwortung zu tragen, welche die Funktion des Stellvertreters Deines Sohnes mit sich bringt, zum Papst gewählt wird, gib Du ihm den Mut, zusammen mit Petrus zu wiederholen: ›Geh weg von mir, Herr, denn ich bin ein Sünder‹. Wenn er jedoch die Last der Verantwortung annimmt, gib ihm einen großen Glauben, Hoffnung, Liebe, um das Kreuz zu tragen, welches Du für ihn vorbereitet hast.«

Wojtyła unterstützte die Wahl der Kardinäle, Albino Luciani, einen Italiener aus der Region Venetien, zu wählen, der den Namen Johannes Paul I. annahm: »Ich glaube, dass er die ideale Person ist, dank seiner Frömmigkeit und Demut, er ist offen für das Wirken des Heiligen Geistes. Dies ist der Papst, den die Kirche heute braucht.« Allerdings starb Papst Luciani nach nur einem Monat in der Nacht vom 28. auf den 29. September.

»Seine Worte drangen tief in die Herzen der Menschen ein, die sich auf dem Petersplatz versammelten«, erinnerte sich Wojtyła. »Von dem Moment, als er in der Loggia des Petersdoms erschien, entstand zwischen ihm und den Anwesenden ein Faden der natürlichen Sympathie. Sein lächelndes Gesicht, sein vertrauensvoller, offener Blick erreichten die Herzen der Römer und Gläubigen auf der ganzen Welt. Seine Worte, seine Person drangen in die Seele. Durch seinen plötzlichen Tod endete das Lächeln des Hirten, der so nah bei den Menschen war und der einen Dialog mit der Kultur und der Welt beginnen wollte.«

Über den Tod von Johannes Paul I. informierte ihn der Fahrer des Erzbistums Krakau, Józef Mucha. Kardinal Wojtyła saß am Tisch beim Frühstück. Auf die Worte Muchas, der in der Tür zwischen der Küche und dem Speisezimmer stand, reagierte er sehr emotional. Der Teelöffel fiel aus seiner Hand auf den Teller. Wegen starker Kopfschmerzen musste er die für diesen Tag geplante Reise absagen. Nachdenklich ging er zum Gebet in die Kapelle, aber zuvor fragte er die Mitglieder des Sekretariats: »Auf was will uns der Herr damit hinweisen?«

Vor der Abreise nach Rom, am 3. Oktober 1978, besuchte Kardinal Wojtyła die zur Erzdiözese Krakau gehörende Pfarrei des heiligen Johannes in Złote Łany, die sich in einem neuen Wohngebiet in Bielsko-Biała befand. Auf dem Weg zurück zelebrierte er die heilige Messe für den verstorbenen Papst. Dann nahm er an der Arbeit der Polnischen Bischofskonferenz in Warschau teil. Schließlich flog er nach Rom zum Vatikan, »ohne zu wissen, dass man dort bleiben muss«, wie er sich später erinnerte. Jedoch, als ob er eine Vorahnung gehabt hätte, was auf ihn warten würde, antwortete Wojtyła dem Fahrer, der ihn zum Flughafen brachte und ihm eine schnelle und gute Rückkehr wünschte, mit ernster und trauriger Stimme: »Man weiß es nicht.«

Am 14. Oktober saß Wojtyła erneut im Konklave. Zwei Tage später, am 16. Oktober 1978, wurde er um 17.15 Uhr zum 263. Nachfolger Petri gewählt, der erste Nichtitaliener seit dem Tod des Holländers Hadrian VI. im Jahr 1523. Ein paar Stunden zuvor machte Kardinal Wyszyński seinen Mitbruder Léon-Etienne Duval, den Erzbischof von Algerien, darauf aufmerksam, dass an diesem Tag das Fest der heiligen Hedwig gefeiert werde, um ihm damit zu suggerieren, beim Abstimmen den Kardinal von Krakau zu wählen: »Er ist ein Mystiker, ein Dichter, ein Philosoph, ein Heiliger … aber ein unfähiger Verwalter.« Seine Meinung betraf nicht so sehr Schwierigkeiten im Zusammenhang mit der Verwaltung von materiellen Mitteln, sondern Probleme im Zusammenhang mit der Organisation der Kurienleitung.

Beim Zeitpunkt der Wahl erinnerte sich Wojtyła wahrscheinlich an die Prophezeiung des Erzbischofs von Krakau, Eugeniusz Baziak, zu dem Wojtyła eines Tages kommen musste, weil er zu seinem Helfer gewählt worden war. Baziak nahm den Arm des jungen Priesters Karol Wojtyła und brachte ihn ins Wartezimmer, wo die anderen Priester saßen, und sagte laut: »Habemus Papam.«

Kurz nach der Wahl richtete sein früherer Lehrer, der Rektor des Belgischen Kollegs, der inzwischen zum Kardinal ernannte Maximilien de Fürstenberg an Papst Johannes Paul II. bedeutungsvolle Worte der Ermutigung: »Magister adest et vocat te« (Der Meister [Jesus] ist hier und ruft Dich). Der Papst antwortete: »Im Gehorsam des Glaubens an Christus, meinen Herrn, im Vertrauen auf die Mutter Christi und die Kirche – im Bewusstsein aller Schwierigkeiten –, ich akzeptiere.« Diese Worte versiegelten den gesamten Zeitraum seines päpstlichen Dienstes.

KAPITEL 2

DER PAPST

Das zweite polnische Zuhause

Am 16. Oktober 1978 begannen zum ersten und einzigen Mal in der Geschichte der Volksrepublik Polen die Abendnachrichten nicht rechtzeitig. Als schließlich ein etwas verlegener Journalist auf dem Bildschirm erschien, verstanden alle, dass etwas Außergewöhnliches passiert sein musste, das selbst die kommunistischen Behörden überrascht hatte. Mit plumpen Worten informierte der Journalist die Nation über die Wahl von Karol Wojtyła zum Papst. Gleichzeitig versuchte er, den historischen Wert dieses Ereignisses herunterzuspielen, aber für viele Zuschauer füllte sich das Bild des Schwarz-weiß-Fernsehers augenblicklich mit den Farben der Hoffnung. Noch etwas ungläubig öffneten die Menschen die Türen ihrer Häuser, riefen ihre Nachbarn an und fragten, ob sie schon gehört hätten, was passiert sei. Die Straßen füllten sich mit glücklichen Menschen, die sich umarmten und beglückwünschten, begleitet von den ununterbrochenen Schlägen der Kirchenglocken.

»Zusammen mit meiner Verlobten und einigen Freunden beschlossen wir nach dem Abendessen, ins Kino zu gehen.

Aber diese glückliche Nachricht änderte unsere Pläne und hocherfreut fanden wir uns in der Pfarrei wieder, umarmten uns gegenseitig und feierten«, erzählt einer der Zeugen des Seligsprechungsprozesses. Die Herzen aller Polen flogen dem Landsmann zu, der von den Kardinälen auf der ganzen Welt als die am meisten geeignetste Person ausgewählt worden war, die Kirche in das dritte Jahrtausend des Christentums zu führen.

In den folgenden Jahren wurde der Vatikan für viele Polen eine Art zweites Zuhause, ein freundlicher Ort, wo man die Feste zusammen feiern konnte, die eng mit der polnischen Tradition verbunden sind, besonders zur Weihnachtszeit. Die Studenten aus dem Polnischen Kolleg, Freunde aus Krakau, Landsleute aus der Römischen Kurie trafen sich jedes Jahr beim Papst zur so genannten »Opłatek«-Feier (ein Vor- oder Nachweihnachtstreffen, bei dem man eine Oblate mit anderen teilt – Anm. des Übers.), um sich gegenseitig Gutes zu wünschen. Ein regelmäßiger Teilnehmer dieser Treffen erinnert sich: »Meist war es so, dass sich Stanisław (Dziwisz) meldete und sagte: ›Heute Nachmittag wünscht der Papst, euch alle zu sehen, um mit ihm Weihnachtslieder zu singen.‹ Wir trafen uns dann in der Privatbibliothek, in sehr familiärer Atmosphäre. Johannes Paul II. setzte sich, und wir alle standen neben ihm. Dann begannen wir gemeinsam zu singen. Wobei seine schöne Stimme natürlich dominierte. Darunter gab es ein Weihnachtslied, eine Art Wiegenlied, das er wirklich sehr mochte und an das er gerne neue Strophen anfügte, indem er sie auf die Situation und die Anwesenden anpasste.«

Die eingeladenen Gäste wussten, dass diese Treffen nicht nur als ein Geschenk zu verstehen waren, das Johannes Paul II. ihnen als seinen Nächsten machte; da er früh die Familie verloren hatte, wollte er auf diese Weise etwas von der Wärme einer Familie fühlen, einem Kreis von Menschen, zu denen er tiefe und starke Bande besaß. In gewisser Weise erklärt dies die Zahl der vertraulichen Erzählungen, die er während des Pontifikats immer wieder in seine Reden mit einfließen ließ und die zusammen genommen geradezu wie eine »Autobiografie des Herzens« wirken; tatsächlich sind sie im Jahr 2008 im Verlag des Vatikans unter dem Titel »*Ich erzähle Euch mein Leben*« erschienen.

Eine Pole auf dem Stuhl Petri

Es ist nicht einfach, eine Synthese des Pontifikats von Papst Johannes Paul II. zu schreiben, das mit 27 Jahren zum drittlängsten in der Geschichte zählt. Einen Versuch unternahm ein Freund des Papstes: »Das Pontifikat lässt sich in vier Phasen unterteilen. Die erste Phase ist das enthusiastische Pontifikat, der Papst, der neue Wege markiert, der die Realitäten der Welt kennen lernt, aus dem Vatikan herauskommt, Kontakte mit der ganzen Kirche unterhält. Die zweite Phase wurde bestimmt durch das Attentat, die Krankheit, das Leiden, Aufenthalte im Krankenhaus, sein Kreuz. Die dritte Phase beinhaltet sein Festgebundensein ans Kreuz, die Ruhigstellung, die Anbindung an den Rollstuhl. Die vierte Phase ist sein Tod, mit dem österlichen Charakter, der ein integraler Bestandteil seines ganzes Leben ist.«

Papst Johannes Paul II. unterbrach die Kontinuität so mancher Tradition, und er tat dies bereits von Anfang an, beispielsweise, als er die Tradition der päpstlichen Wappen zur Diskussion stellte und entschied, dass er sein erzbischöfliches Wappen behalten wolle: das Großkreuz auf blauem Hintergrund und der Buchstabe M auf dem unteren rechten Platz, der die Gottesmutter am Fuße des gekreuzigten Jesus symbolisiert. Wappenexperten waren darüber irritiert, aber sie konnten nichts machen. Der Papst lehnte auch die Tiara ab, die über dem Wappen aufgestellt werden sollte, und akzeptierte lediglich die Mitra. Der Druck der vatikanischen Beamten, die ihm zahlreiche Aufzeichnungen mit historischen Motiven und die Zweckmäßigkeit der Tiara vorlegten, schwächte jedoch die Entschlossenheit Wojtyłas und am Ende willigte er ein.

Eine ähnliche Sensation war die Entscheidung, einen Tag nach seiner Wahl Bischof Andrzej Maria Deskur, der sich in der Gemelli-Klinik befand, zu besuchen. Diese Situation, in welcher der Papst wie ein gewöhnlicher Sterblicher bei seinem Freund vorbeischaut (er war bereits am 14. Oktober vor dem Eintritt in das Konklave beim ihm) und damit den ersten offiziellen Besuch außerhalb des Vatikans absolviert, war ein Ereignis, das den Respekt für die Tradition und das Zeremoniell empfindlich störte und zu großer Verwirrung führte. Wer ihn aber gut kannte, wusste, dass es sich bei diesem Vorgang um eine echte Geste der Dankbarkeit handelte gegenüber einem Mann, den Karol Wojtyła im Laufe der Zeit als einen »Simon von Cyrene« seines Pontifikats betrachtete.

Wojtyła und Deskur hatten sich bereits im Jahre 1945 in Krakau bei der katholischen Studentenorganisation »Brüderliche Hilfe« kennen gelernt, in der beide leitende Funktionen ausübten. Ihre Bekanntschaft wurde, trotz des vierjährigen Altersunterschieds, während der Zeit auf dem Seminar immer enger. Sie setzten diese Freundschaft auch nach der Priesterweihe fort, als Deskur zur Arbeit in den Vatikan gesandt wurde. Am Heiligen Stuhl beschäftigte sich Deskur mit der sozialen Kommunikation, im Jahr 1973 wurde er Vorsitzender der Päpstlichen Kommission für die Sozialen Kommunikationsmittel und ein Jahr später wurde er zum Bischof ernannt. Wojtyła beförderte ihn 1980 in den Rang eines Erzbischofs. 1984 ging er in den Ruhestand, behielt aber den Ehrentitel bei. Ein Jahr später ernannte Wojtyła ihn zum Kardinal.

Für Wojtyła wurde Deskur die Anlaufstelle bei seinen Besuchen im Vatikan. Bei ihm übernachtete er, mit ihm diskutierte er Ideen, die in ihm reiften. Während der Sitzungen des Zweiten Vatikanischen Konzils diente Deskur als Beichtvater von Wojtyła.

Drei Tage vor der Papstwahl, am 13. Oktober 1978, erlitt Deskur einen Schlaganfall und wurde mit geringen Überlebenschancen ins Krankenhaus gebracht. »Es war mir nicht nur ein Herzensanliegen, einen Besuch bei einem Freund in Monte Mario zu machen«, erklärte Johannes Paul II. zurückblickend auf den Krankenhausbesuch in einer Predigt vom 21. Dezember 1990. »Ich gab der Welt damals einen genauen Hinweis darauf, was ich trotz des Verlaufs von zwei (Originalübersetzung: zwölf wäre sinnvoller – Anmerkung d. Ü.) Jahren bestätigen kann, wie ich die besondere Funktion des Nachfolgers Petri verstand und verstehe. Bei dieser Gelegenheit sagte ich zu den Kranken, dass ich auf ihre Gebete und vor allem auf ihr Leidensopfer zähle, das mir eine besondere Stärke geben konnte für die Realisierung meiner wichtigen Aufgaben in der Kirche Christi.«

»Mein Leid unterstützt dieses fruchtbare Pontifikat. So wollte es die Gottesmutter, und ich bin Ihr Diener!«, schrieb Deskur am 11. Dezember 2003 im »L'Osservatore Romano«; die Lähmung hatte sich inzwischen gelegt, aber er war weiterhin gezwungen, sein Leben im Rollstuhl zu verbringen.

Karol Wojtyła war davon überzeugt, dass es im Leben gläubiger Menschen eine besondere Beziehung zwischen dem Leiden und der spirituellen Hilfe gibt, die daraus für andere erwächst. Die Tatsache, dass der Moment seiner Wahl zum Papst mit dem Beginn der schweren Krankheit eines engen Freundes zusammenfiel, war eine Bestätigung dafür.

In einer bislang unveröffentlichten Notiz, die sofort nach der Wahl entstand, aber bislang nicht veröffentlicht wurde,

kann man lesen: »Ich kann nicht den Zusammenhang über-
sehen, der zwischen der Tatsache besteht, dass ich am 16. X.
zum Nachfolger [von Johannes Paul I.] gewählt wurde, und
dem, was drei Tage zuvor stattgefunden hat. Das Opfer von
Andrzej, meinem bischöflichen Bruder, scheint mir eine Vorbereitung auf dieses Ereignis zu sein. Alles wurde durch sein
Leiden in das Geheimnis des Kreuzes geschrieben und durch
die Erlösung von Christus verwirklicht. Eine gewisse Analo-
gie dazu erkenne ich in einem Ereignis, das vor elf Jahren stattfand, als während meines Aufenthaltes beim Konsistorium in
Rom, bei dem ich gebeten wurde, am Kardinalskollegium teilzunehmen, mein Freund Pfarrer Marian Jaworski durch einen
Zugunfall in der Nähe von Nidzica eine Hand verlor.« Die
Notiz endet mit der Anmerkung: »Debitor factus sum« (Ich
wurde ein Schuldner).

In der Tat hatte Wojtyła den Geistlichen Marian Jaworski
1967 gebeten, ihn bei Exerzitien zu ersetzen. Während der
Fahrt hatte der Zug einen Unfall, nach welchem dem Priester
eine Hand amputiert werden musste.

Jaworski gehörte auch zu den alten Freunden Wojtyłas, obwohl er sechs Jahre jünger war. Sie begegneten sich 1951 während des Doktoratstudiums in Krakau. 1959, nach der Ernennung von Wojtyła zum Bischof, lebte Jaworski in seiner
Residenz, und 1963, als Wojtyła zum Erzbischof von Krakau
ernannt wurde, zog er mit zum Palast auf der Franciszkańska-
Straße. Ihre gemeinsamen Interessen, insbesondere in der
Philosophie und Theologie, die Arbeit an der theologischen
Fakultät in Krakau, wo Jaworski Dekan war, führten sie zusammen. 1984 ernannte Papst Johannes Paul II. Jaworski zum
Bischof und 1991 zum Metropoliten von Lemberg, verantwortlich für die Gläubigen des lateinischen Ritus in der Ukra-
ine. 1998, während des Konsistoriums, wurde er zum Kardinal
in pectore ernannt, 2001 wurde sein Name der Öffentlichkeit

enthüllt, sodass er am Konklave 19. April 2005 und an der Wahl von Papst Benedikt XVI. teilnehmen konnte.

Obwohl ungefähr neunzehn Jahre jünger, ist der dritte Pole, dessen Name untrennbar mit der Person von Papst Johannes Paul II. verbunden ist, natürlich der aktuelle Erzbischof von Krakau, Kardinal Stanisław Dziwisz. Im Jahre 1957, während seines ersten Studienjahrs im Priesterseminar, lernte er Wojtyła kennen, der sein Lehrer in Philosophie, Moraltheologie und in kirchlicher Soziallehre war. 1966 bot ihm der Erzbischof an, sein persönlicher Sekretär zu werden. In dieser Eigenschaft als Sekretär ging er mit Wojtyła nach Rom zum Konklave und blieb für die gesamte Dauer des Pontifikats an seiner Seite. 1998 verlieh ihm Papst Johannes Paul II. die Bischofsweihe. Auf seinen Einwand, dafür noch zu jung zu sein, begnügte sich Wojtyła mit der Antwort, dass er in seinem Alter doch sogar schon Papst gewesen sei!

Zu den vier Menschen des engsten Freundeskreises gehörte verdientermaßen auch eine Ärztin, Wanda Półtawska, die nach Wojtyłas Intervention bei Pater Pio von Pietrelcina auf dessen Fürsprache von Krebs geheilt wurde. Diese Frau, eine polnische Partisanin, wurde von den Nazis gefoltert und später in das KZ Ravensbrück deportiert, wo an ihr unmenschliche medizinische Experimente ausgeübt wurden. Półtawska überlebte das Lager und begann später Medizin zu studieren, mit Spezialisierung im Fach Psychiatrie. Während des Studiums lernte sie den Geistlichen Karol Wojtyła kennen, der zu der Zeit Studentenseelsorger war. Es war der Beginn einer Geschichte von geistlicher Führung und großer Freundschaft, die auch während des Pontifikats andauerte. Oft war Półtawska mit ihrer Familie zu Gast im Vatikan und im Sommer in Castel Gandolfo.

Ein Brief vom 20. Oktober 1978, nur vier Tage nach der Wahl verfasst, zeigt deutlich, wie wichtig diese Freundschaft für Papst Johannes Paul II. war: »Der Herr hat beschlossen, das all das, worüber mehrmals gesprochen wurde und was Du in bestimmter Weise nach dem Tod von Papst Paul VI. vorausgesagt hast, Wirklichkeit geworden ist. Ich danke Gott, dass Er mir diesmal sehr viel inneren Frieden gegeben hat, der mir im August sicherlich fehlte, und dies hat mir erlaubt, diese Zeit ohne Spannung zu erleben. (…) In alldem denke ich an Dich. Ich war immer überzeugt davon, dass Du im Lager in Ravensbrück auch für mich gelitten hast. (…) Und mit dieser Überzeugung entstand der Gedanke, dass ihr meine Familie seid und Du meine Schwester bist.« Am Ende des Briefes befindet sich keine Unterschrift des Papstes, dafür aber das Wort »Bruder« (poln.»brat«), in dieser herzlichen Weise begegnete ihm auch Wanda.

Die Auswahl der Mitarbeiter

Viele haben gefragt, nach welchen Kriterien Johannes Paul II. die Angestellten der verschiedenen Büros des Heiligen Stuhls und die Bischöfe in den tausend katholischen Diözesen in der ganzen Welt auswählte. Einer seiner engen Freunde hatte den Eindruck, dass er vor allem zu Beginn seines Pontifikats die Tendenz hatte, wertvolle Einzelpersönlichkeiten in seinen Pastoralplan mit einzubeziehen.

Eine leicht nachvollziehbare Wahl war die Ernennung von Franciszek Macharski zu seinem Nachfolger in der Erzdiözese Krakau, da dessen in 20 Jahren erbrachte Leistungen durchaus im Einklang mit dem neuen Amt lagen. Eigenartiger erschienen hingegen die Ernennung des damaligen Erzbischofs von München, Joseph Ratzinger, zum Präfekten der Kongregation für die Glaubenslehre und die Ernennung des Jesuiten Carla Maria Martini, dem damaligen Rektor der Päpstlichen Universität Gregoriana, zum Erzbischof von Mailand – beide

Persönlichkeiten waren vom Papst persönlich ausgewählt worden, unabhängig von Beratungen und Vorschlägen.

Wojtyła hielt Ratzinger für eine der profiliertesten Persönlichkeiten der Kirche und für einen Hirten mit großen Tugenden. Er rief ihn 1981 nach Rom, um an seiner Seite einen Theologen zu haben, der ihm bei der konkreten Umsetzung der Lehre des Zweiten Vatikanischen Konzils helfen würde. »Er ist der letzte Theologe des Konzils«, beschrieb er seinen Freund voll Überzeugung. Ihre Zusammenarbeit war solide und fruchtbar. Wojtyła glaubte, dass das theologische Profil seines Pontifikats im Wesentlichen von Kardinal Ratzinger mitgestaltet wurde.

Ganz anders sah seine Beziehung zu Kardinal Martini aus. Wojtyła kannte Martini noch aus Krakauer Zeiten, wenn er ihn nach Polen einlud, um Vorträge über die Heilige Schrift zu halten. Martini war dann zu Gast im Erzbischöflichen Palast, in dem diese Veranstaltungen stattfanden, sodass Wojtyła oft die Möglichkeit nutzte, mit ihm zu sprechen. Für Martini war die Einladung in den Vatikan, die ihn kurz vor Weihnachten 1979 erreichte, eine große Überraschung. Während dieses Treffens bot ihm Johannes Paul II. das Amt des Erzbischofs von Mailand an. Der Jesuit reagierte mit einer Reihe von Bedenken, indem er deutlich machte, dass er immer als Professor gearbeitet habe und keinen natürlichen Zugang zu Menschen besäße. Worauf Wojtyła antwortete: »Nicht Sie werden zu den Menschen gehen, die Menschen werden zu Ihnen kommen.«

Der Papst erfuhr, dass Martini am Leben der Gemeinschaft Sant‹Egidio teilnahm, mit der er den Armen diente und die heilige Messe in den Slums von Rom zelebrierte. Um die Bedenken des Jesuiten hinsichtlich seiner angeblichen pastoralen Inkompetenz zu zerstreuen, fragte Wojtyła ihn: »Was haben Sie am Sonntag mit der Sant'Egidio-Gemeinschaft gemacht?« Einige Beobachter hatten den Eindruck, dass die Beziehung zwischen beiden Männern im Anschluss an diese Entscheidung ein wenig angespannt war, wie zwischen zwei Universitätsprofessoren, die weder die Analyse der Situation teilen noch die gewählte Strategie. Trotzdem blieb das Verhältnis beider zueinander geprägt von gegenseitigem Respekt.

Eine andere unabhängige Wahl Wojtyłas war die des damaligen Weihbischofs der italienischen Provinz Reggio Emilia, Camillo Ruini. Nachdem der Papst viel Gutes über Ruini gehört hatte, lud er ihn Anfang 1985 zu einem gemeinsamen Abendessen in den Vatikan ein, bei dem über die Situation der Kirche in Italien diskutiert wurde. Der Papst stellte eine Übereinstimmung seiner Meinung mit der des späteren Kardinals fest, weshalb er ihn bat, den Entwurf der Rede vorzubereiten, die der Papst während des Zweiten Kongresses der italienischen Kirche in Loreto (April 1985) halten sollte. Wahrscheinlich wegen dieser außergewöhnlichen Nähe der Standpunkte wurde Ruini im Juni 1986 zum Generalsekretär der Italienischen Bischofskonferenz ernannt, deren Präsidentschaft er fünf Jahre später übernahm. Bei der Beurteilung seiner Tätigkeit, bekräftigte Johannes Paul II., der am Anfang seines Pontifikats keine enge Bindung zu den italienischen Bischöfen gefühlt hatte, dass Kardinal Ruini »die Einheit zwischen Italienischer Bischofskonferenz und dem Papst aufgebaut hat«.

Im Laufe der Zeit vertraute Wojtyła immer mehr den Vorschlägen des Staatssekretariats und der Kongregation für die Bischöfe. Es wurde beschlossen, dass es zukünftig wie bei Bewerbern anderer Nationalitäten auch im Fall von Italien die Aufgabe des Nuntius sein sollte, potenzielle Kandidaten für die Arbeit im Vatikan auszuwählen, und nicht mehr Aufgabe einer Sonderkommission. Von da an wurde Johannes Paul II. eine Liste von Namen geliefert, ausgearbeitet nach dem Ermessen der Kongregation, von welcher er in der Regel den ersten Kandidaten auf der Liste wählte. Wenn er jedoch bei einer Kandidatur einen gewissen Druck spürte, zögerte er nicht, eine Person außerhalb der Liste zu wählen.

Trotz seiner großen Achtsamkeit bei der Wahl eines geeigneten Kandidaten geschah es, dass der Papst mit dem Ergebnis einer Ernennung enttäuscht war. Einmal sagte Wojtyła demjenigen, der lautstark Einwände gegen den Namen eines Kandidaten erhob, in den Wojtyła aufgrund des Drucks eines Mitarbeiters bereits viel Vertrauen investiert hatte: »Ich denke, es ist bereits zu spät.« Dann auf dem Weg in die Kapelle, in die er ging, um zu beten, fügte er hinzu: »Wenn sie mich belogen haben, haben sie verloren. Nicht ich bin es, der die Kirche führt, sondern Jesus Christus.« Ein langjähriger Freund sagte dem Papst einmal, als er hörte, wie dieser mit kühlen Worten über die Kurie sprach, wie über etwas, das man ertragen muss: »Aber Sie sind der Papst, und Sie wählen sie.« Wojtyła antwortete ihm ohne weitere Umschweife: »Es ist aber nicht einfach, die richtigen Leute zu finden.«

Standfestigkeit aus Demut

Bereits während der ersten Monate des Pontifikats versteckte Johannes Paul II. nicht seine Absicht, die Einführung von Änderungen in der Kirche auf Grundlage des Zweiten Vatikanischen Konzils zu vollenden. Zu diesem Zweck engagierte er eine Reihe von Experten, deren Arbeit, nach langen Überlegungen und gründlicher Analyse des Themas, in zwei Publikationen gipfelte: dem *Codex des Kanonischen Rechtes* für West und Ost (erschienen sukzessive am 25. Januar 1983 und am 18. Oktober 1990) und dem *Katechismus der Katholischen Kirche* (der Öffentlichkeit präsentiert am 9. Dezember 1992), sowie mit der Reorganisation der Römischen Kurie im Zuge der apostolischen Konstitution *Pastor Bonus* vom 28. Juni 1988.

Der Papst war gut im Bilde über die Funktionen der Römischen Kurie, die, angefangen von sehr alten, bereits von Sixtus V. am Ende des 16. Jahrhunderts eingeführten Kongregationen, allmählich ihre Struktur geändert hatte, um sich den Anforderungen der Zeit anzupassen. Wojtyła bemerkte auch die grundlegende Rolle der Kongregationen als Organen »der Regierung«. Er hatte aber seine eigene Vision für das Staatssekretariat und die anderen vatikanischen Einrichtungen, sodass sie effektiver den modernen pastoralen Problemen die Stirn bieten könnten. Aus diesem Grund fragte er den für das Reformprojekt Verantwortlichen, welche Maßnahmen er anwenden wolle, um den Nutzen der päpstlichen Räte zu erhöhen, sodass sie zu Organen des »Dialogs und Kontakts« würden, für bessere Beziehungen mit der Welt und mit anderen Religionen. Eine entscheidende Rolle spielte bei diesem Plan der Päpstliche Rat für die Kultur. Von nun an sollte nämlich die Kultur bei der »Arbeit aller Kongregationen als Horizont im Leben aller Menschen und Nationen« behandelt werden.

Zu Beginn seines Pontifikats trafen sich die Vorsitzenden der Dikasterien nach einer festen Ordnung regelmäßig zu Audienzen bei Johannes Paul II., um Probleme zu besprechen, zu denen sie die Meinung und die Entscheidungen des Papstes wissen wollten. Im Laufe der Zeit jedoch beschränkten sich die Audienzen auf die Präfekten der Kongregation für die Glaubenslehre, für die Bischöfe und für die Evangelisierung der Völker, was – nach Aussage vieler Zeugen – nicht ohne Konsequenzen für die Atmosphäre der Beziehungen zu den anderen Kongregationen blieb.

Mit Sicherheit war Johannes Paul II. ein in der Tugend der Geduld geübter Mensch, im Bewusstsein seiner Rolle als Papst blieb ihm jedoch, selbst wenn es im engsten Kreis von Mitarbeitern Spannungen gab, nichts anderes übrig, als bei seinem Standpunkt zu bleiben.

Einen Beweis seiner Standfestigkeit hatte er bereits als Erzbischof von Krakau gegeben. Dieses Ereignis hat George Weigel in der Biografie *Zeuge der Hoffnung* beschrieben: »Einer der Angestellten des Erzbistums, der Geistliche Tadeusz Pieronek, bedrängte ihn damit, eine gewisse Entscheidung zu treffen, und sagte: ›Eminenz, Sie können es tun.‹ ›Ich kann nicht‹, antwortete der Kardinal. Pieronek begann, sich zu ärgern, blieb aber bei seiner Haltung: ›Sie können.‹ ›Ich kann nicht‹, wiederholte der Kardinal. Daraufhin sagte der Priester, nur leicht irritiert, zum dritten Mal: ›Sie können, Eminenz.‹ An dieser Stelle riss der Kardinal sein Kreuz von der Brust, überreichte es ihm und sagte: ›Hier nimm, jetzt regierst du mal.‹ Pieronek sagte darauf kein Wort mehr und das Gespräch war vorbei.«

Im Vatikan schlug Wojtyła, wenn es keine anderen Mittel des Handelns gab, auch schon mal mit der Faust auf den Tisch und reagierte mit Bestimmtheit. Als ein Angestellter der Römischen Kurie starrköpfig auf seinem Standpunkt beharrte, setzte Papst Johannes Paul II. der Debatte mit einem Satz ein Ende: »Ich denke, ich habe auch den Heiligen Geist.« Ein anderes Mal, als er nicht in der Lage war, einen Menschen aus seinem engsten Kreis zu überzeugen, eine Entscheidung zu akzeptieren, bestätigte er den Vorschlag und beendete das Gespräch mit den Worten: »Jetzt bleibt mir nur noch das Gebet.«

Der Papst betete nicht nur jeden Tag für die Bischöfe und Priester, die von ihm geweiht wurden, sondern für die ganze Römische Kurie. Neben dem Betschemel lag eine Kopie des Vatikan-Jahrbuchs mit dem Verzeichnis des Kurienpersonals. Er bestellte ein Exemplar des Jahrbuchs auch nach Castel Gandolfo. Nach der Feier der heiligen Messe, betete er für die darin verzeichneten Personen.

In seiner Aufmerksamkeit für die Mitarbeiter entgingen ihm auch diejenigen nicht, die sich auf einer niedrigeren

Ebene befanden. »Der Papst war der Einzige, der mir Weihnachtsgrüße aussprach. Er kam persönlich an die Tür, um mir ›Frohe Weihnachten‹ zu wünschen«, erzählt ein Schweizer Gardist, der am Weihnachtsabend Dienst vor der päpstlichen Wohnung hatte, während viele Geistliche zum Papst kamen, um ihm ihre Grüße auszurichten.

Diese große Demut in zwischenmenschlichen Beziehungen war auch bei offiziellen Anlässen zu spüren. So gibt es beispielsweise im Vatikan die Gewohnheit, dass, wenn eine Person seine Ansicht zu einem Thema äußern soll, das noch von jemand mit einem höheren Dienstgrad überprüft werden wird, am Ende des angehängten Dokuments die Parafierung *smj* (*salvo meliore judicio*, mit Respekt für eine bessere Beurteilung) hinzufügt. Papst Johannes Paul II. achtete die Kompetenz anderer Personen und passte sich dieser Tradition an. In einigen Dokumenten, die er durchsah, fügte er die Parafierung *smj* hinzu, weil er selbst nach seinem autorisierenden Urteil noch die Meinung anderer wissen wollte.

»Das Wort hat nicht bekehrt, das Blut wird bekehren«

Am Dienstag, dem 12. Mai 1981, besuchte Papst Johannes Paul II. das medizinische Zentrum des Vatikans. Nach dem man ihm die Räume gezeigt hatte und er sich mit Patienten getroffen hatte, wurde er von Dr. Renato Buzzonetti, dem Direktor des Zentrums und seinem persönlichen Arzt, zum Ausgang begleitet. Der Arzt zeigte ihm den neuen Krankenwagen, der vor dem Gebäude parkte, und bat ihn, das Auto zu segnen. Während der Segnung mit Weihwasser sagte Papst Johannes Paul II.: »Ich segne auch den ersten Patienten, der mit diesem Krankenwagen transportiert werden wird.« Genau vierundzwanzig Stunden später war er es selbst, der als erster Patient mit diesem Wagen transportiert wurde.

»Das Wort hat nicht bekehrt, das Blut wird bekehren«, schrieb Kardinal Wojtyła kurz vor seinem Pontifikat in dem Gedicht *Stanislaus*, das dem heiligen Märtyrer aus Krakau gewidmet ist. Das Attentat vom 13. Mai 1981, das von Alì Agca ausgeübt wurde, gab diesen Worten einen deutlich autobiografischen Sinn und änderte radikal die Einstellung des Papstes gegenüber seiner eigenen Mission. Von diesem Zeitpunkt an begann sein wirklicher Kalvarienberg, erhellt von dem Bewusstsein, das Geschenk des Lebens erneut erhalten zu haben, um es zum Wohle der ganzen Menschheit opfern zu können. »Für einen Mann, und vor allem für einen Priester, gibt es nichts Schöneres, nichts Größeres als die Tatsache, dass Gott sich seiner bedient«, antwortete er einem Mitarbeiter, der ihm nach der Bedeutung dieses dramatischen Ereignisses fragte. Die Wunde betrachtete er als »Gnade«, die ihm erlaubte, durch das Leiden ein Zeugnis von Christus zu geben und das Evangelium zu verkünden.

1991, am zehnten Jahrestag des Attentats, reiste Johannes Paul II. nach Fatima, um der Gottesmutter zu danken. Einer der Zeugen des Seligsprechungsprozesses berichtet, dass unmittelbar vor Beginn der heiligen Messe, während der Papst die Anwesenden begrüßte, einer der Kardinäle sich mit folgenden Worten an ihn wendete: »Heiliger Vater, herzlichen Glückwunsch zum Geburtstag!« Der Papst hörte diese Wünsche und setzte die Begrüßung fort, aber nach einer Weile drehte er sich um und sagte: »Sie haben völlig Recht, das erste Leben wurde mir gegeben, das zweite wurde mir vor zehn Jahren geschenkt.« Dieses Geschenk führte zu der Gewohnheit, dass der Papst jedes Jahr am 13. Mai, in der Stunde des Attentats, in seiner Privatkapelle eine Dankmesse feierte.

Von Anfang an war Johannes Paul II. davon überzeugt, dass die Jungfrau von Fatima auf ihn aufgepasst hatte. Sobald er sich gesundheitlich wieder aufgerappelt hatte, bat er die polnische Sektion des Staatssekretariats, ihm alle Publikationen über die Erscheinungen Mariens und die drei Hirtenkinder vorzubereiten, damit er die Einzelheiten dieses Ereignisses noch besser kennen lernen könne. Einer seiner Freunde, der am 14. Mai die Möglichkeit hatte, ihn in der Gemelli-Klinik zu besuchen, wandte sich mit den Worten an ihn: »Die Immaculata wird Seiner Heiligkeit im Leid helfen.« Der Papst antwortete mit Überzeugung: »Sie hat über alles gewacht. Totus Tuus.«

In den Tagen direkt vor dem Attentat begann der Papst den Text für die am 7. Juni 1981 geplante Zeremonie des Pfingstfestes vorzubereiten, die aus Anlass des 1600-jährigen Jubiläums des ersten Konzils von Konstantinopel und des 1550-jährigen Jubiläums des Konzils von Ephesus in der Basilika Santa Maria Maggiore stattfinden sollte. Seinen Mitarbeitern gab er den Hinweis, die Predigt in drei Teile zu ordnen: Ehre, Dank und Hingabe an Maria. Vor allem am letzten Teil lag ihm viel, weil er die gesamte Menschheit in die Hände Marias legen wollte (später hat er diese Weihe bei verschiedenen Gelegenheiten erneuert, auch vor der Originalstatue der Immaculata, die von Fatima zum Petersplatz gebracht wurde).

Johannes Paul II. war sich des hohen Attentatsrisikos, dem er sich aussetzte, bewusst. »Es gibt nichts Leichteres, als einen Schuss auf den Papst abzufeuern, der sich ungeschützt unter den Menschen zeigt«, kommentierte er später. Allerdings hat dieses Bewusstsein ihn nicht dazu gebracht, sich von den Massen zurückzuziehen, um sich in angemessener Weise zu schützen. Einmal, als er in den Fernsehnachrichten einen Bericht über das Attentat sah, wandte er sich an eine Person, die beim Abendessen zu Gast war, und sagte: »Sie wollten, dass ich eine

Schutzweste überziehe, sodass ich immer sicher sei. Aber der Hirte muss immer bei seinen Schafen sein, auch auf die Gefahr hin, dabei sein Leben zu verlieren.«

Einige Zeit vor dem Attentat meldete der italienische Geheimdienst, dass es einen Plan der Terroristen der Roten Brigaden gebe, Johannes Paul II. zu entführen. Es kann sein, dass der Papst aus diesem Grund direkt nach dem Attentat zu seinem Sekretär Stanisław Dziwisz sagte: »Wie Bachelet«, was eine Anspielung auf den katholischen Vizepräsidenten des Obersten italienischen Justizrates war, der am 12. Februar 1980 in Rom von den Roten Brigaden ermordet worden war.

Der Heilige Vater suchte selbstverständlich nach den Motiven hinter dem Attentat, mehr am Herzen lag ihm jedoch die spirituelle Vision des erlebten Dramas. Diese Tatsache erklärt, warum er wollte, dass das Staatssekretariat über die Haltung des Heiligen Stuhls während des Prozesses von Alì Agca entscheidet, und er sich für die Möglichkeit der Begnadigung des Attentäters aussprach.

Den Personen in seinem engsten Kreis sagte der Papst, dass er mit dem Sekretär der kommunistischen Partei, Michail Gorbatschow, und mit dem polnischen General Wojciech Jaruzelski über »die bulgarische Spur« des Attentats gesprochen habe. Der Erste sagte ihm, dass er in den Archiven der Sowjetunion nichts gefunden habe, was diese Hypothese bestätigen könne. Der Zweite berichtete dem Papst, dass er bereits vor Zeiten Todor Schiwkow, den Chef der kommunistischen Partei in Bulgarien, nach einer Erklärung gefragt habe, der ihm geantwortet haben soll: »Kamerad, halten Sie uns für Schwachsinnige? Wenn Antonow hinter dem Attentat gestanden hätte, hätten wir ihn am nächsten Tag evakuiert. Aber er blieb dort, um zu arbeiten.«

Ein offener Brief an Alì Agca

Am 27. Dezember 1983 fand ein langes und intensives Gespräch zwischen Papst Johannes Paul II. und dem Attentäter im römischen Gefängnis Rebibbia statt. Danach erklärte der Papst: »Ich hatte heute die Gelegenheit, meinem Attentäter zu begegnen und ihm noch einmal persönlich meine Vergebung zu zusprechen, was ich sofort getan habe, als es möglich war. Wir sind uns als Menschen und Brüder begegnet, und alle Ereignisse unseres Lebens haben uns zu dieser Bruderschaft geführt.«

Tatsächlich vergab der Papst Alì Agca gleich nach dem Attentat, wie er selbst es der Welt während des Regina-Coeli-Gebets vom 17. Mai 1981 aus der Gemelli-Klinik mitteilte: »Ich bete für den Bruder, der mich verletzt hat und dem ich ehrlich vergeben habe.« Dieses Verhalten besaß, wie es aus zahlreichen Zeugnissen hervorgeht, eine große symbolische Wirkung und erreichte das Bewusstsein vieler Menschen, so auch das des polnischen Generals Jaruzelski, der bei einem Attentat im Jahr 1994 ebenfalls verwundet wurde und beschloss, die Verantwortlichen dafür nicht zu verfolgen. Seine Entscheidung erklärte er damit, dass er von der Haltung des Papstes beeindruckt gewesen sei.

Bislang wurde ein offener Brief, den der Heilige Vater am 11. September 1981 für eine am 21. Oktober geplante Generalaudienz vorbereitet hatte, nicht veröffentlicht. Wahrscheinlich wohl aufgrund der laufenden Ermittlungen verzichtete er auf eine Veröffentlichung, überzeugt davon, dass dies nicht angemessen wäre. Zwei Seiten des gefundenen Manuskripts, die oben mit einem großen X beschriebenen sind, lauten wie folgt:

1. Heute möchte ich dem Thema, das im Zusammenhang steht mit der Generalaudienz vom 13. Mai, noch ein Wort widmen. An diesem Tag standen sich zwei Männer gegenüber: der erste, der das

Leben des zweiten wegzunehmen versuchte, und der zweite, der sein Leben verlieren sollte. Die Vorsehung Gottes verhinderte jedoch, dass dieses Leben weggenommen wurde. Und genau deshalb kann dieser zweite Mensch sich an den ersten wenden, ihn ansprechen – was aufgrund des Charakters dieses Ereignisses besonders wichtig und notwendig erscheint. Der Punkt ist der, dass auch ein solches Ereignis, wie das vom 13. Mai, keine Kluft zwischen dem einen und dem anderen Menschen graben kann, es löst keine Zone des Schweigens aus, es bedeutet keine Unterbrechung der Kommunikation. Christus – das fleischgewordene Wort – lehrte uns die Worte der Wahrheit, die immer wieder neu den Kontakt zwischen Menschen herstellen, egal, wie weit Ereignisse sie auseinanderbringen, egal, wie sehr sie die Menschen gegeneinander bringen können.

Also, das, was ich heute Euch sagen möchte, liebe Teilnehmer dieser Audienz, richtet sich auch an meinen Bruder, der mir am 13. Mai das Leben rauben wollte. Obwohl dies nicht geschehen ist, wurde er auf jeden Fall der Verursacher der tiefen Wunden, von denen ich innerhalb einiger Monate geheilt werden musste. Man kann also das, was ich heute sagen werde, als »offenen Brief« betrachten (vielleicht ein wenig vergleichbar mit dem Brief, den Papst Paul VI. einst nach der Entführung von Aldo Moro schrieb, obwohl doch sehr verschieden von ihm).

2. Das erste Wort dieses »Briefes«, oder besser gesagt, dieser offenen »Rede«, wurde bereits am 17. Mai öffentlich gesprochen, zusammen mit dem Engel des Herrn [in der Tat war es das *Regina-Coeli*-Gebet]. Lasst mich jetzt diesen Text zitieren (zitieren in seiner Gesamtheit oder zumindest diesen Teil, der von der Vergebung handelt … vielleicht besser in seiner Gesamtheit, um auch die zwei anderen verwundeten Personen zu erwähnen!).

Am Sonntag, dem 17. Mai, wurden diese Worte in der Öffentlichkeit ausgesprochen. Ich halte es jedoch für eine besondere Gnade Christi, meines Herrn und Meisters, dass ich sie noch früher aussprechen konnte, nämlich als ich im Krankenwagen vom Vatikan zur Gemelli-Klinik transportiert wurde, wo die erste und entscheidende chirurgische Operation durchgeführt wurde. Ja, ich halte es für eine besondere Gnade Christi des Gekreuzigten, der von den Worten, die er auf Golgotha aussprach, zuerst sagte: »Vater, vergib ihnen, denn sie wissen nicht, was sie tun.« Der Akt der Vergebung ist die erste und grundlegende Bedingung dafür, dass wir, die Menschen, nicht voneinander getrennt werden, uns nicht als Feinde gegenüberstehen. Damit wir Gott suchen, der unser Vater ist, die Versöhnung und die Verbindung. Dies ist wichtig und notwendig, nicht nur hinsichtlich des Verhaltens von Mensch zu Mensch, sondern auch …

Der Text, der dann tatsächlich im Rahmen der Generalaudienz am 21. Oktober gehalten wurde, behandelte das Thema der Vergebung und trug den Titel: »Die Gnade und das Geheimnis des menschlichen Herzens«. Der Papst erinnerte darin an die Rede während das *Regina-Coeli*-Gebets vom 17. Mai und zitierte Passagen aus dem Evangelium, in dem Christus über die Vergebung spricht, und fügte hinzu: »Zu dem Zeitpunkt, als die Ermittlungen stattfanden und das Urteil über den Mann, der einen Anschlag auf mein Leben wagte, gesprochen wurde, dachte ich an die Parabel von Kain und Abel, die biblisch gesehen den ›Anfang‹ der Sünde gegen das menschlichen Leben ausdrückt. In unseren Zeiten, in denen diese Sünde gegen das menschliche Leben wiederum auftaucht und es in neuer Weise bedroht, weil viele unschuldige Menschen durch die Hände anderer Menschen sterben, wird die biblische Beschreibung der Geschehnisse zwischen Kain und Abel besonders vielsagend. Sie ist noch erschütternder als das Gebot ›Du sollst nicht töten.‹«

Und er endet mit den Worten: »Christus lehrte uns, zu vergeben. Die Vergebung ist unerlässlich, damit Gott an das menschliche Gewissen die Fragen richten konnte, auf welche er eine Antwort in tiefster innerer Wahrheit erwartet. In der heutigen Zeit, wo viele unschuldige Menschen durch die Hände anderer Menschen sterben, scheint eine bestimmte Notwendigkeit zu bestehen, sich diesen, die töten, mit der Vergebung im Herzen und mit der gleichen Frage zu nähern, die Gott, der Schöpfer und Herr des menschlichen Lebens, dem ersten Mensch stellte, der einen Anschlag auf das Leben seines Bruders wagte und es ihm raubte – er raubte ihm das, was ausschließlich im Besitz des Schöpfers, des Herrn des Lebens, ist. Christus lehrte uns, zu vergeben. Er lehrte Petrus ›siebenundsiebzigmal‹ zu vergeben (Mt 18,22). Gott selbst vergibt, wenn der Mensch auf die an sein Gewissen und Herz gerichtete Frage mit der ganzen inneren Wahrheit der Bekehrung antwortet. Indem wir Gott die Beurteilung und das endgültige Urteil überlassen, hören wir nicht auf zu beten: ›Und vergib uns unsere Schuld, wie auch wir vergeben unseren Schuldigern.‹«

Öffnet die Grenzen der Länder

Das Jahr 1981 war für die polnischen Behörden ein *annus horribilis*; nicht nur, weil sich in diesem Jahr am 13. Mai das Attentat auf den Papst ereignete und am 28. Mai der Primas von Polen, Kardinal Stefan Wyszyński, starb: Es kam auch zu großen Spannungen auf der politischen und sozialen Ebene des Landes, was wiederum die Beziehungen zwischen der polnischen Regierung und der Sowjetunion beeinflusste.

Die Streiks und weiteren Aktionen von *Solidarność* weckten eine große Unruhe unter den sowjetischen Führern, die den polnischen Behörden befahlen, den Streiks ein Ende zu setzen, weil es ansonsten zu einem direkten Eingriff der Roten Armee kommen würde.

In der Zeit zwischen dem Frühjahr und dem Sommer 1981 fanden in einer immer hitziger werdenden Atmosphäre Versammlungen der Spitze der kommunistischen Partei Polens statt, mit der Absicht, zu entscheiden, was zu tun sei. Jaruzelski, der in diesem Notstand eine doppelte Funktion ausübte, nämlich die, an der Spitze des Landes und der Partei zu stehen, wusste nur zu gut, dass alles, was er machte, mit strengen Augen von Papst Johannes Paul II. verfolgt wurde, der bereits bei seinem ersten Besuch in Polen im Juni 1979 deutlich gemacht hatte, dass er sein Heimatland niemals seinem eigenen Schicksal überlassen würde.

Einer der angesehensten polnischen Politiker erwähnt, wie sehr ihn während dieser päpstlichen Reise die Worte von Papst Johannes Paul II. trafen, dass die Wahl eines slawischen Papstes vielleicht ein Zeichen dafür sei, dass eine Verständigung zwischen Ost und West möglich ist. Wenn dieser Politiker in den 1990er-Jahren mit dem Papst zusammentraf, sagte er zu ihm: »Heiliger Vater, diese Worte klangen wie eine Prophezeiung«, worauf der Papst antwortete: »Sie erinnern sich gut. Primas Wyszyński hatte sie früher gelesen und dazu gesagt: ›Aber, Lolek! Vorsicht, Vorsicht!‹« Wojtyła jedoch war davon überzeugt, dass es in diesem Moment notwendig war, den nächsten Schritt zu machen, etwas zu wagen, egal, wie riskant es auch sei.

Im Herbst erkannten die polnischen Behörden, dass eine Begegnung mit Johannes Paul II. unvermeidlich war. Am 13. Oktober 1981 erschien im Apostolischen Palast Außenminister Józef Czyrek, um die Ernsthaftigkeit der Lage zu schildern und alle möglichen Lösungen vorzustellen. Der Papst war nach dem Attentat noch sehr schwach, aber dies hinderte ihn nicht daran, dem polnischen Abgesandten sorgfältig zuzuhören. Nach dem Gespräch gab er den Auftrag, dass der neue Primas von Polen, Józef Glemp, und der Vorsitzende der Arbeiter, Lech Wałęsa, sich mit General Jaruzelski treffen sollten. Das Treffen fand am 4. November statt; bereits einen Tag später kam Erzbischof Józef Glemp zur päpstlichen Wohnung, um ihm als Ergebnis des Gesprächs mitzuteilen, dass wenig Hoffnung bestehe.

Die nächsten Wochen wurden bestimmt durch den Druck der Sowjetunion, eine schnelle Lösung der Krise zu finden, um die Gefahr eines Überspringens der Krise in andere Länder des Ostblocks zu vermeiden; dies trieb den Gang der Ereignisse voran. In der Nacht des 13. Dezember wurde in Polen das Kriegsrecht eingeführt. Ein paar Tage später kam der Apostolische Nuntius, Luigi Poggi, nach Warschau – mit im Gepäck ein Brief des Heiligen Vaters in deutlicher Sprache.

Das Ergebnis des schnell zustande kommenden Treffens des Nuntius mit den damaligen Parteiführern, Kazimierz Barcikowski und Jerzy Kuberski, sorgte zumindest in der Wortwahl für Entspannung. Tatsächlich drückte Johannes Paul II. in dem offiziellen Brief seine großen Schmerzen über die Einführung des Kriegsrechts aus. Zur gleichen Zeit forderte er, dieses so schnell wie möglich zu beenden und den Dialog zu suchen. Die in einem sehr versöhnlichen Ton verfasste Antwort von General Jeruzelski, die am 6. Januar 1982 abgeschickt wurde, enthielt die Gründe, welche ihn zu seiner Entscheidung veranlasst hatten.

Der Papst führte mit Jaruzelski durchaus auch Gespräche auf der persönlichen Ebene. Es war während eines dieser Gespräche auf dem Wawel-Hügel, im Juni 1983, als General Jaruzelski Johannes Paul II. das endgültige Ende des Kriegsrechts und die Eröffnung des Reformprozesses ankündigte. Zusammengefasst sagte der Papst damals: »Ich verstehe, dass der Sozialismus eine Realität ist, jedoch sollte alles getan werden, was möglich ist, damit er ein menschliches Gesicht erhält. Die bürgerliche Freiheit, die Identität der Gesellschaft, die

Menschenrechte sind wichtig.« Für Jaruzelski war die Bemerkung des Papstes eine Ermutigung, Polen Schritt für Schritt zu einer anderen Form der Politik zu führen. »Er rügte nicht, er ermahnte nicht«, erinnert sich der General, »sondern analysierte die damaligen Probleme, um zu zeigen, was seiner Meinung nach der beste Weg für den Staat wäre.«

Es war durchaus ein normales Verhalten von Wojtyła während solcher Gespräche. Dies bestätigt zum Beispiel das Zeugnis einer anderen Person, die mit dem Papst einige historische Ereignisse analysierte und dabei beobachtete, wie er sich der negativen Vorfälle bediente, um etwas Gutes herauszuholen. Der Heilige Vater antwortete: »Es ist möglich, dass du Recht hast. Achte aber darauf, dass es nicht genügt, Recht zu haben. Wichtig ist auch, die Menschen zu überzeugen, dass sie die Wahrheit akzeptieren.«

Auf diese Weise war es in Polen möglich, schrittweise immer mehr Demokratie zu verwirklichen, was bis zu einem gewissen Grad mit der Verbreitung von Informationen über die Wahl von Karol Wojtyła zum Papst begonnen hatte. Seine programmatische Rede, mit dem berühmten Appell: »Fürchtet euch nicht! Öffnet eure Türen weit für Christus! Öffnet die Grenzen der Staaten, die wirtschaftlichen und politischen Systeme, die weiten Bereiche der Kultur, der Zivilisation und des Fortschritts seiner rettenden Macht!«, führte im Wesentlichen zum ersten Riss in der kommunistischen Wand. Früher, so erzählt ein junger polnische Priester, »wussten wir von der Anormalität der sozialen Situation, in der wir gelebt haben: Die Wahlen waren eine Farce, die Politik war eine große Lüge. Allerdings schien diese Welt verurteilt zu sein, auf Dauer zu existieren. Niemand konnte sich vorstellen, dass es eines Tages keinen Sozialismus mehr in Polen geben würde und wir uns den Bestimmungen Moskaus widersetzen könnten. Am 16. Oktober 1978 allerdings schien es, dass unsere Welt eine andere Richtung nehmen könnte, weil sie nicht länger verurteilt war, diesem Mechanismus, der uns zu Verzweiflung und Sinnlosigkeit führte, zu folgen.«

Der Kommunismus machte aus den Menschen eine Masse, die er dann ironischerweise fürchtete. Er wollte, dass die Masse dumm bleibt und sich nicht bewusst wird, welche Stärke in ihr steckt. Aus diesem Grund gab die Miliz sogar in der Zeit des Kriegsrechts Genehmigungen für allerlei Feierlichkeiten, sogar solche, die aus Anlass eines Geburtstages oder Namenstages in eigenem Haus organisiert wurden, wenn nur die Anzahl der Gäste eine bestimmte Zahl von Menschen überstieg. Währenddessen begannen die Menschen langsam, mit immer weniger Angst um sich zu schauen. Sie bemerkten, wie viele von ihnen die gleichen Werte teilten. Sicherlich war dies auch ein Verdienst von Papst Wojtyła.

Der Zusammenbruch des Kommunismus

Der Zusammenbruch des Kommunismus, der 1989 ohne schreckliches Blutvergießen, das ihn durchaus hätte begleiten können, begann, ist auch den Bemühungen von Papst Johannes Paul II. zuzuschreiben, seiner entschiedenen und fürsorglichen öffentlichen Appelle und der Untergrunddiplomatie, die er unterstützte. Dies bezeugt ein gut informierter Politiker: »Jeder hatte seinen Beitrag: der Amerikaner Ronald Reagan, die Britin Margaret Thatcher, der Franzose François Mitterrand; um jedoch all das zusammenzuführen, brauchte es den Heiligen Vater. Er wiegelte nie auf, er ordnete nichts an, er brütete nichts aus. Er gab sein Wort, und das war genug.« Einer, der dies offen zugab, ist der frühere Präsident von Russland, Michail Gorbatschow, der heute sagt: »Ich habe den Kommunismus nicht umgestürzt, es war Johannes Paul II.«

Der Papst und Gorbatschow trafen sich am 1. Dezember 1989 zum ersten Mal zu einem persönlichen Gespräch im Vatikan, und ihr Treffen wurde mit einem sehr langen Händedruck besiegelt. Vor dem Besuch gab Jaruzelski dem sowjetischen Präsidenten ein paar Ratschläge. Später, als sie sich wieder sahen, hörte Jaruzelski von Gorbatschow: »Du hattest Recht. Der Papst ist ein großer Mann. Er hat eine große Weisheit und eine große Güte. Wir müssen alles tun, um die Beziehungen zwischen der Sowjetunion und dem Vatikan zu verbessern.«

Im Jahr 1992 übergab Gorbatschow dem Vatikan ein zweiseitiges, in kyrillischer Schrift verfasstes Dokument mit dem Titel *Über den Papst von Rom*, in dem er seine Überzeugung, dass die Figur des Papstes entscheidend war für den Lauf der Geschichte, bestätigt. Der Papst kommentierte das Schreiben wie folgt: »Ich habe Gorbatschows Beurteilung über die Rolle des Papstes in den Ereignissen, die Osteuropa in den letzten Jahren verändert haben, gelesen. Ich bin überzeugt davon, dass er wirklich ehrlich so denkt. Als die europäische Bischofssynode in ihrem endgültigen Dokument die besondere Rolle des Papstes betonen wollte, bat ich darum, dass dies nicht getan wird. In diesem Prozess zählt die Kirche und nicht der Papst. Wenn dem Papst etwas zugeschrieben werden könnte, dann ist es die Frucht seines Glaubens: an Christus und an den Menschen.«

Johannes Paul II. sah alles durch das Prisma des Glaubens. Während der kommunistischen Zeit führte er mit seinen Freunden lange intellektuelle Gespräche darüber, wie alles ausgehen würde. Seine Schlussfolgerung war sehr einfach: Wenn der Kommunismus am nächsten Tag gestürzt werden würde, läge die Aufgabe der Kirche in der Evangelisation; wenn der Kommunismus in tausend Jahren gestürzt würde, wäre die Aufgabe der Kirche immer noch die Evangelisation.

»Nichts geschieht durch Zufall, alles hat seine Quelle in etwas anderem«, zitierte er oft ein deutsches Sprichwort, um zu zeigen, dass Gottes Vorsehung das Menschenleben führt, selbst die kleinsten Details, und dass das Verhalten der Menschen von Vertrauen und Hingabe gezeichnet sein sollte statt von Ablehnung oder innerer Rebellion.

Eine Anekdote zu diesem Thema ereignete sich während der Zeit, als die Vorbereitungen für die Reise nach Polen im Juni 1997 liefen. Bei den Wahlen im November 1995 hatte Wałęsa gegen Kwaśniewski, den Vorsitzenden des Bundes der Demokratischen Linken (Sojusz Lewicy Demokratycznej), verloren. Johannes Paul II. fragte sich, wie er von den Menschen empfangen werden würde. Eines Abends, während des Abendessens, sagte einer der Priester treuherzig: »Heiliger Vater, vielleicht sollte man diese Dinge im Lichte der göttlichen Vorsehung sehen.« Der Papst schaute ihn freundlich an und antwortete augenzwinkernd: »Mit der göttlichen Vorsehung kenne ich mich ein bisschen aus!«

Johannes Paul II. war sich wohl bewusst, dass die göttliche Vorsehung dort agiert, wo der Mensch Gott einen Raum zum Handeln lässt; wo man eine Bereicherung der eigenen Handlungen durch Gottes Gaben und Hilfen zulässt. Der Papst drängte sich nicht vor und sah sich selbst nicht als Held, sondern als ein einfaches Werkzeug in den Händen Gottes. Wenn ihm berichtet wurde, dass jemand durch seine Gebete das, um was er gebeten hatte, empfangen hatte, kommentierte er dies bescheiden mit: »Gott sei Dank für Ihren Glauben.« In derselben Art und Weise antwortete er, wenn man ihm für seinen Beitrag zum Fall der Berliner Mauer dankte: »Es war die göttliche Vorsehung. Wir verdanken alles Maria.« Er vertraute auf die Prophezeiung der Unbefleckten Jungfrau von Fatima über die Bekehrung von Russland und – als Folge davon – den Zusammenbruch des Kommunismus. Demjenigen, der ihn fragte, ob es leicht sei, die Geschichte persönlich zu erleben, antwortete er: »Wenn Gott es will, ist es leicht. Es macht mein Leben leichter: Man weiß, Gott will es. Er verfügt über die Dinge.«

Es ist unbestreitbar, dass Johannes Paul II. einen sehr großen Einfluss auf die Geschichte des 20. Jahrhunderts hatte, aber in erster Linie bestand dieser Einfluss darin, dass er die zentrale Rolle des menschlichen Individuums unterstrich und den Wert des Menschen verteidigte. Das Ergebnis dieser Betonung der Würde jedes Menschen waren die Ereignisse, die unter anderem zur »Samtenen Revolution« in der Tschechoslowakei oder zur »Solidarität«-Bewegung in Polen führten, in denen sich Gläubige und Nichtgläubige zusammen engagierten. Die Kirche wurde ein Raum der Freiheit für alle.

Der Erbe des heiligen Paulus

Mitte der Neunzigerjahre gab es im Vatikan einen Witz: »Was ist der Unterschied zwischen Gott und Johannes Paul II.? Gott ist überall, der Papst war aber schon da.« Der Papst wusste, dass seine Wahl, so viel Energie in pastorale Reisen in Italien und im Ausland zu investieren, auch auf Missbilligung stieß, worauf er schon im Juni 1980 öffentlich zu reagieren versuchte: »Viele sagen, dass der Papst zu viel und in zu kurzen Zeitspannen reist. Ich denke, menschlich gesehen, stimmt das. Aber es gibt auch die Vorsehung, die uns führt, und manchmal drängt sie uns, etwas *per excessum* zu tun.«

So kam es, dass zusammen mit Johannes Paul II. auch die Statistik mit mächtiger Kraft Einzug in den stillen vatikanischen Zimmern hielt. Er unternahm 146 italienische und 104 ausländische Pastoralreisen, dabei besuchte er 259 Orte in Italien und 131 Orte im Ausland. Die Tage, die der Papst außerhalb des Vatikans verbrachte, nicht mitgerechnet die Aufenthalte in der Sommerresidenz Castel Gandolfo und die 164 Tage im Krankenhaus, belaufen sich auf die respektable Anzahl von 822, was immerhin 8,5 Prozent des gesamten Pontifikats ausmacht.

Johannes Paul II. hielt sich nicht nur für den Nachfolger Petri, sondern auch für den Erben des heiligen Paulus, »der, wie man weiß, nicht ruhig bleiben konnte: Er war immer auf dem Weg.« Andererseits war seine Reiselust auch ein Zeichen der Kontinuität gegenüber dem Pontifikat von Paul VI., der auf Wunsch des Zweiten Vatikanischen Konzils mit dem Prozess der Öffnung und Dezentralisierung der Kirche begann und den Anfang mit einer bedeutenden, wenn auch kleinen Reihe von Apostolischen Reisen machte. »Ich reise als Lehrer des Glaubens, aber auch als Student, um das Leben der Ortskirchen kennen zu lernen«, sagte Johannes Paul II.

Natürlich erforderten diese Reisen oft enorme Anstrengungen bei der Planung und Durchführung, was für anhaltende Kritik und Vorbehalte sorgte, die bei Johannes Paul II. eine große Verbitterung auslösten. So wurde er beispielsweise während der Pastoralreise nach Australien von mehreren lokalen Zeitungen angegriffen, die behaupteten, dass seine Reise mehr koste als all die früheren Reisen der englischen Königin zusammen. Der Papst wandte sich daraufhin an ein Mitglied der *Entourage* und antwortete mit Nachdruck: »Ich glaube, dass Papstreisen mehr kosten müssen als die Reisen der Königin von England. Der Papst bringt die Nachricht der Erlösung, und diese Erlösung hat einen unverhältnismäßig hohen Preis gekostet, das ganze Blut Christi.«

Auf der anderen Seite ermöglichten diese Reisen Millionen von Menschen, die es sich nie hätten leisten können, zum Vatikan zu kommen, den Papst aus der Nähe zu sehen und seine Worte zu hören: »Wenn die Welt nicht nach Rom kommen kann, macht sich Rom auf die Reise, um die Welt zu treffen«, erklärte Johannes Paul II. es anschaulich den peruanischen Bischöfen.

Oft war es so, dass die Papstbesuche dabei halfen, die humanitäre Not bestimmter Länder stärker ins Bewusstsein zu bringen und diskriminierte Gruppen zu Wort kommen zu lassen. In der Regel verteilte der Papst an diese alle Geschenke, die sich während der Reise angesammelt hatten. Er war sich jedoch bewusst, dass es seine Hauptaufgabe war, überall die Botschaft der Hoffnung zu verbreiten. In einem sehr armen Ort in der Nähe von Lima (Peru) schaute er am Ende der Predigt die Menschenmassen an, die den Platz füllten, und teilte dann plötzlich auf Spanisch einen Gedanken mit, der offenbar direkt aus dem Herzen aufstieg: »Hunger nach Gott, ja; Hunger nach dem Brot, nein.« Ein anderes Mal bestätigte er diese Einstellung während des *Vaterunsers*: »Ich möchte, dass die Leute hungrig nach Gott sind, nicht nach dem täglichen Brot.«

Jede Reise wurde mit Hingabe und Konzentration vorbereitet. Johannes Paul II. bat den jeweiligen Nuntius, die nationale Bischofskonferenz zusammenzurufen, um die Wünsche der Bischöfe und Geistlichen kennen zu lernen. Er nahm mit den Seelsorgern des Ortes, wo er hinfahren sollte, einen direkten Kontakt auf, um auf diese Art und Weise nützliche Informationen zu erhalten. Er las, was verfügbar war, und erfuhr eine große Menge an Details dank der Expertengespräche.

Schon viele Wochen vor einer Reise feierte er die heilige Messe in der Sprache des Landes, das er besuchen wollte, meist unter Teilnahme von Priestern und Schwestern aus dem zukünftigen Reiseziel. Auf diese Weise wollte er die Kultur des Volkes würdigen und die Sprache durch die Feier der Liturgie heiligen. Auf seinem Schreibtisch lagen Wörterbücher und Lehrbücher, in denen er gelegentlich nach Informationen suchte. Er sprach mit den vatikanischen Beamten des jeweiligen Landes, um seine Aussprache zu verbessern.

Vor der Reise nach Mexiko feilte der Papst viele Wochen lang eine Stunde morgens an seinen Spanischkenntnissen. Als er sich auf die Reise nach Papua-Neuguinea vorbereitete, nutzte er die Hilfe von zwei Missionaren der Kongregation des Wortes Gottes, weil er unbedingt etwas Pidgin lernen wollte, um wenigstens zur Begrüßung ein paar Sätze in der Sprache der Einheimischen sprechen zu können. Vor dem Besuch in Japan studierte er mit einem japanischen Franziskaner die richtige Aussprache und verfasste die Predigten in japanischer Fonetik, obwohl er das lateinische Alphabet verwendete. Auch vor der Reise nach Guam hörte er sich stundenlang Aufnahmen in Chamorro, der lokalen Sprache der Einheimischen, an.

Mit seinen römischen Mitarbeitern diskutierte er lang über den Verlauf des Programms. In der Regel baten die Ortskirchen für das Treffen um eine Verlängerung der Reise von ein oder zwei Tagen, was der Papst fast immer akzeptierte. Niemals ließ er die Treffen mit Priestern und Geistlichen, Seminaristen, Novizen von männlichen und weiblichen Ordensgemeinschaften und vor allem mit der Jugend und den Kranken ausfallen.

Die Kranken waren eine besonders privilegierte Gruppe bei Papst Johannes Paul II., nicht nur wegen seiner persönlichen Erfahrung. Während der ersten Reise nach Mexiko im Jahr 1979 befand er sich in einer Kirche, die mit Gelähmten und Menschen mit Behinderung gefüllt war. Einer der Begleitpersonen erzählt: »Der Papst stoppte vor jedem Kranken, und ich hatte den Eindruck, dass er jeden von ihnen ehrte: Er beugte sich zu ihnen, gab sich alle Mühe, das, was sie zu ihm sagten, zu verstehen, dann streichelte er ihre Köpfe.« Die für die Zeremonie Verantwortlichen erkannten schnell, dass sie bei einer Papstmesse während einer Pastoralreise nicht mehr als dreißig Kranke vor dem Altar platzieren durften. Sobald die Messe beendet war, würde der Papst jeden von ihnen einzeln begrüßen, sodass alle weiteren geplanten Treffen ausfallen würden.

Einmal wurde diese Vorsichtsmaßnahme nicht berücksichtigt. Vor der Abtrennung wurde eine Gruppe von Kranken platziert und dahinter etwa dreihundert Menschen, von denen viele im Rollstuhl waren. Der Papst rief den Zeremonienmeister zu sich und bat ihn, den Weg für ihn frei zu machen, sodass er zu jedem Kranken Zugang habe, um ihn zu begrüßen. An diesem Tag gab es im Programm eine Zeitverschiebung von fast einer Stunde. Ein anderes Mal, während eines Besuchs in der Spitalabteilung, blieb er bei jedem Patienten stehen. Der Präfekt des Päpstlichen Hauses, Dino Monduzzi, bat ihn, das Tempo zu beschleunigen, aber Johannes Paul II. hatte keine Eile, im Gegenteil: »Monsignore, bei leidenden Menschen soll man sich nie beeilen«, antwortete er.

In den »heißen Zonen« der Welt

Schon von den ersten Tagen an gab Johannes Paul II. seinen Mitarbeitern deutlich zu verstehen, welchen Stil sein Pontifikat haben würde. Er zeigte es offen mit seiner positiven Reaktion auf den Vorschlag der Lateinamerikanischen Bischofskonferenz, an der Konferenz in Puebla teilzunehmen, die im Januar 1979 in Mexiko-Stadt stattfinden sollte. Die Römische Kurie war gegen diese Reise und erinnerte den Papst an die Gefahren, welchen er in dem Land ausgesetzt sei, wo der religiöse Glaube nicht öffentlich manifestiert werden durfte. Nachdem der Papst die verschiedenen Meinungen gehört hatte, zerstreute er alle Einwände: »Ich habe das Staatssekretariat nicht dafür, dass es mir erzählt, welche Probleme es gibt, sondern dafür, diese zu lösen.« Der Pastoralbesuch fand statt und war ein großer Erfolg.

Konfliktreicher war die Reise nach Chile im Jahr 1987. Seit 1973 befand sich das Land unter der Diktatur von Augusto Pinochet. Johannes Paul II. stellte als Reisebedingung *sine qua non*, dass er sich mit allen, also auch mit Gruppen der politischen Opposition, treffen könne. Allerdings geschah etwas, das einen Schatten auf die ganze Reise warf. Es war der Moment, als der Papst mit Pinochet am Fenster des Präsidentenpalastes in Santiago erschien, um die skandierenden Menschenmassen zu grüßen. Augenzeugen berichten, dass dieser Auftritt nicht geplant war und als schlechter »Witz« des Diktators verstanden werden muss. Als er mit Johannes Paul II. über den Flur ging, konnte man die Menschen sehen, die draußen standen. Der Diktator lud den Papst spontan ein, die Gläubigen zu segnen. Der Papst lehnte dies nicht ab, aber während des Privatgesprächs zögerte er nicht, dem Diktator zu sagen, was er darüber dachte.

Die Geschichte zeigte jedoch, welche Auswirkungen dieses Gespräch auf zukünftige Ereignisse hatte. Einige Zeit später erzählte der Papst einem Freund: »Ich habe einen Brief von Pinochet bekommen, in dem er berichtet, dass er meine Worte als Katholik akzeptiert und beherzigen möchte; ferner hat er beschlossen, einen Prozess des Wandels bei der Verwaltung des Landes einzuschlagen.« In der Tat, die für das Jahr 1988 geplanten Wahlen fanden statt: Pinochet musste sich mit seiner Niederlage aussöhnen und verzichtete 1990 auf das Amt des Präsidenten. In einem Kommentar zu diesem Ereignis gab der Heilige Vater zu, dass man sich mit allen treffen sollte, ohne jemand auszulassen, man müsse dies aber mit der Einfachheit und der Kraft tun, die aus dem Evangelium kommt.

Die Reise nach Nicaragua im März 1983 war wahrscheinlich die riskanteste des Papstes. An der Macht war damals die kommunistische Bewegung der Sandinisten, und ein Teil des Klerus, der unter starkem Einfluss durch die damals weit verbreitete Befreiungstheologie stand, entschied sich für die Revolutionäre und unterstützte die Ortskirche, die sich gegen die Hierarchie zur Wehr setzte. Über diese Schwierigkeiten informiert, war Papst Johannes Paul II. fest zur Reise entschlossen: »Wir müssen dorthin fahren, auch wenn wir nicht erfolgreich sein werden. Diese Kirche, die sich in einer so schwierigen Zeit befindet, braucht jetzt Verstärkung. Hoffen wir, dass später bessere Zeiten kommen werden und der Papst besser empfangen wird, aber auch jetzt muss ich dorthin gehen.«

Die Verantwortlichen für die Sicherheit im Vatikan stellten nach der Ortsbesichtigung fest, dass es eine sehr große Gefahr für das Leben des Heiligen Vaters und die Menschen, die ihn begleiteten, gebe. Aus diesem Grund wurde beschlossen, dass alle unter ihrer Soutane eine Schutzweste tragen sollten. Als Johannes Paul II. von dieser Vorsichtsmaßnahme erfuhr, sagte er nur: »Wer von den Begleitpersonen eine Schutzweste tragen möchte, braucht nicht mit mir auf diese Reise gehen. Wir sind in den Händen Gottes, und wir werden von ihm geschützt.« Auch dem französischen Kardinal Albert Decourtray, der ihn im Zusammenhang mit der Reise nach Lyon im Jahre 1986 an eine warnende Prophezeiung von Nostradamus erinnerte, antwortete der Papst mit subtiler Ironie, die so charakteristisch für ihn war: »Ich versichere Ihnen, Eminenz, dass kein Platz gefährlicher ist als der Petersplatz!«

Viele seiner Gesprächspartner wurden durch die Tatsache überrascht, dass ihn nie sein Humor verließ. Einmal, nach einer sehr schwierigen Entscheidung, kommentierte er: »Wir sind in den Händen Gottes. Glücklicherweise, denn wenn wir in unseren eigenen Händen wären, wären wir tatsächlich verloren.« Während eines Austauschs von Geschenken, als er einigen wichtigen Persönlichkeiten aus der Welt der Politik ein Bild vom Petersplatz überreichte, erklärte er: »Das ist der Petersplatz. Was soll man sagen? Es ist mein Arbeitsplatz!«

Einem Journalisten, der ihn vor seiner Reise nach Kuba im Jahr 1998 fragte, ob er sich gut fühle, sagte er: »Natürlich, ich bin zwar älter als im Jahre 1979, aber bis jetzt hat die Vorsehung gut auf mich aufgepasst. Und wenn ich etwas über meinen Gesundheitszustand und meine Krankheiten erfahren will, lese ich die Presse!«

Mit Bezug auf die Reisen nach Lateinamerika warfen ihm einige Kritiker vor, mit zweierlei Maß zu messen: Er habe mehr Sympathien für diktatorische Regierungen der Rechten als der Linken. Auf diese Provokation reagierte Papst Johannes Paul II. auf Grundlage seiner eigenen Erfahrungen mit den Worten: »Eine rechte Diktatur ist zumeist die Diktatur eines Mannes, nach seinem Tod verliert auch das Regime an Kraft. Die linken Diktaturen hingegen entsprechen einer Gesetzmäßigkeit des Systems, die viel schwieriger auszurotten ist.« Was einige als Kompromiss mit den Behörden deuteten, war tatsächlich der Wunsch, den Geist der Versöhnung zu fördern, anstatt auf Konfrontation zu setzen; diese friedlichen Bemühungen sollten die Demokratie begünstigen.

Zweifellos waren in seiner Umgebung Leute mit Sympathien für die Rechten, aber auch solche mit Sympathien für die Linken. Dies bestätigt unter anderem die Tatsache, dass bei der Veranstaltung »Zeugen des Glaubens«, die am 7. Mai 2000 im Kolosseum stattfand, zunächst der Erzbischof von San Salvador, Oscar Romero, der 1980 während der Feier der heiligen Messe ermordet worden war, fehlte. Als dem Papst dieser Fehler gemeldet wurde, erklärte er, dass ihm einer seiner Mitarbeiter Romero als die »Fahne der Linken« beschrieben habe. Später jedoch, als er das Thema ergründete, ordnete er an, Romero ebenfalls in das Verzeichnis aufzunehmen. Als 1983 die Vorbereitungen für die Pastoralreise nach El Salvador im Gang waren, antwortete er jedem, der ihn vom Besuch des Grabs von Romero abriet, sehr deutlich: »Nein, der Papst muss dorthin gehen, denn er war der Erzbischof, der genau im Herzen seines seelsorgerischen Dienstes, während der Feier der heiligen Messe, getötet wurde.«

Der Papst wich nie zurück vor schwierigen Entscheidungen. 1982, als der Besuch Großbritanniens für den Zeitraum vom 28. Mai bis 2. Juni bereits fest eingeplant war, brach ein Konflikt mit Argentinien über die Zugehörigkeit der Falklandinseln aus. Dem Papst wurde vorgeschlagen, die Reise zu verschieben, er beschloss jedoch, zehn Tage später auch nach Argentinien zu reisen: Er nahm 29 Stunden Flugzeit in Kauf, um dort während eines 28-stündigen Aufenthalts zu zeigen, dass der Krieg die Amtsausübung des Papstes unter den Völkern nicht verhindert. Die gleiche Entschlossenheit demonstrierte er drei Jahre später, während einer Reise in die Niederlande. Die holländische Kirche erlebte damals starke interne Konflikte, sodass das Staatssekretariat vorschlug, die Reise auf bessere Zeiten zu verschieben. Johannes Paul II. erklärte, dass die Krise der Kirche die Reise gerade jetzt verlange. Er war überzeugt davon, dass seine Reise ein Aufbauprogramm einleiten würde.

In besonders delikaten Situationen zögerte Johannes Paul II. nicht, die offiziellen Wege zu vermeiden und nicht-offizielle vorzuziehen; so äußerte er zum Beispiel während seines Aufenthalts auf dem Balkan den Wunsch, die drei großen ethnischen Zentren dieser Region zu besuchen: das kroatische Zagreb, das bosnische Sarajevo und das serbische Belgrad. Ohne das Wissen des Staatssekretariats engagierte er einen vertrauenswürdigen Bischof damit, die notwendigen Kontakte zu schließen und die Durchführbarkeit des Plans, der offenbar von den vielen politischen Führern – Franjo Tuđman, Radovan Karadžić, Alija Itzebegović und Slobodan Milošević – unterstützt wurde, zu überprüfen. Pavle Stojčević, der damalige Patriarch der Serbisch-Orthodoxen Kirche, mochte diese Idee jedoch nicht. Wenn jemand aus dem Staatssekretariat seine

Unzufriedenheit über ein solches, für einen Papst eher ungewöhnliches Verhalten ausdrückte, antwortete Johannes Paul II. gelassen: »Im Staatssekretariat gibt es für alles eine Abteilung. Man soll sich nicht zu sehr aufregen. Was zählt, ist, das Ziel zu erreichen, und manchmal muss man den inoffiziellen Weg wählen, um das Ziel zu erreichen. In der richtigen Zeit wird man das verstehen können.«

Johannes Paul II. besaß eine außergewöhnliche Sensibilität für die Schmerzen derer, die zu Opfern von Naturkatastrophen geworden waren. Er machte oft Reisen zu diesen vom Schicksal benachteiligten Menschen, um den Trost persönlich zu überbringen. Dies war auch am 25. November 1980 der Fall, als er die von einem Erdbeben betroffenen Regionen Kampanien und Basilikata in Italien besuchte und sechs Jahre später, als er im Juli 1986 nach Kolumbien aufbrach, wo er auch den Ort besuchte, der wenige Monate zuvor durch den Ausbruch des Vulkans Nevado del Ruiz unter Schutt und Asche begraben worden war. Nach dem Ausstieg aus dem Hubschrauber, mit dem er zu diesem großen Grab flog, kniete er auf dem Sand nieder und betete sichtlich berührt für längere Zeit in der Stille. Auf dem Weg zurück sagte er: »Der zermalmte Mensch! Aber der Mensch kann nicht zermalmt werden, weil Gott in Christus zermalmt wurde. Das ist schwierig zu verstehen: Gott zermalmt! Sogar Petrus verstand es nicht …«

Das *Mysterium iniquitatis* (das Geheimnis des Bösen, von dem Paulus im zweiten Brief an die Thessalonicher spricht) beschäftigte ihn oft in seinen Reflexionen. An dieses Geheimnis dachte er auch, als er voll Trauer die Bilder des Terroranschlags auf die *Twin Towers* sah. Aber auch in diesen dramatischen Momenten war sein vom Glauben geleiteter Blick stärker als die Gefühle. Wie ein Zeuge sagt: »Am 11. September 2001, als man so etwas wie einen apokalyptischen Vorgeschmack bekommen konnte, wandte der Papst sich ruhig an denjenigen, der die Quelle aller Gnaden ist, und sagte: ›Sie sind Dein.‹ Dies war eine Geste des Vertrauens. Es war aber auch eine der härtesten Gesten überhaupt: Es war ein Erinnern Gottes an seine Aufgabe. Es war einer dieser Momente des Kampfes mit Gott, damit Er seine Gnade gibt. Einer der größten Momente in der Geschichte der Spiritualität. Wie bei Mose. Im Unterschied zu Mose wollte Johannes Paul II. sich jedoch nie von seinem Volk lossagen.«

Eine unvergleichliche Lehre

Während einer Auslandsreise fragte ein Journalist Papst Johannes Paul II., ob er nicht glaube, dass seine Predigten zu anspruchsvoll seien. »Darüber habe ich oft nachgedacht, aber ich bin immer zu dem Ergebnis gelangt, dass das Wort Gottes noch anspruchsvoller ist und meine Pflicht darin besteht, es unaufhörlich zu predigen«, sagte Johannes Paul II. Ohne Zweifel erfüllte er diese Verpflichtung vollständig, nicht nur, weil er sich mit einer Vielzahl von Predigten und Dokumenten an die Welt wandte, sondern auch, weil er in seinen Reden eine klare, allen verständliche Sprache benutzte.

Bereits von den Anfängen seines Pontifikats an schwebte ihm vor, während der Generalaudienz am Mittwoch eine ständige Katechese zu halten. Er bat mehrere Experten bei der Sammlung von Material über einzelne Themen um Hilfe und gab selbst vor, welche Stellen der Bibel und der Lehre der Kirchenväter tiefer ergründet werden sollten. Er dachte auch daran, diese Texte in verständlicher Sprache niederzuschreiben, damit sie für einen größeren Kreis zugänglich seien. »Ich habe die poetische, die philosophische und die Sprache der Predigt gelernt, aber ich weiß nicht, was es bedeutet, die Sprache der Katechese zu sprechen. Ich bin mir aber bewusst, dass von der Art und Weise der Übermittlung die Akzeptanz der Inhalte abhängt«, vertraute er den engsten Mitarbeitern an. Zu den Menschen, die ihm bei der Bearbeitung der Texte halfen, war er sehr streng: Er wollte, was den Inhalt und die Form betraf, immer seinen eigenen Beitrag liefern.

Während eines Frühstücks in Castel Gandolfo, bei dem das Gespräch um ihn kreiste, sagte er: »Ich weiß nicht, ob sich die Geschichte an diesen Papst erinnern wird; ich denke nicht. Falls aber doch, dann möchte ich als der Papst der Familie in Erinnerung bleiben.« Tatsächlich zählten die Ehe und die Familie zu den pastoralen Themen, an denen sein Herz besonders hing. Wenn er mit Geschiedenen oder Wiederverheirateten sprach, trat er nie in der Rolle des Richters oder Anklägers auf. Ganz im Gegenteil. »Was mich zutiefst berührt«, erinnert sich ein Zeuge glaubwürdig, »waren die Zeichen der Zuneigung und Liebe, die er denen gab, die sich in einer schwierigen familiären Situation befanden. Ich spürte bei ihm eine Atmosphäre der Vergebung und Versöhnung, die bei großen kirchlichen Veranstaltungen selten ist, wenn über die katholische Lehre und diese Themen gesprochen wird.«

Natürlich vernachlässigte der Papst nie die Seelsorge für die Laien. Alle kirchlichen Bewegungen betrachtete er als authentische »Zeichen der Zeit« und schätzte jede Initiative, welche die Botschaft des Evangeliums verkündet, mit Blick auf die biblische Wahrheit: Wenn etwas von Menschen kommt – wird es sterben, wenn etwas von Gott kommt, muss man es nicht bekämpfen, sondern nur begleiten, weil es ein Geschenk der Vorsehung ist. Für den Papst war es jedoch auch wichtig, dass diese neuen Laienbewegungen die bestehenden religiösen Strukturen nicht zu sehr störten. Deshalb lehnte er es mehrere Male ab, eine Bewegung in ein Säkularinstitut innerhalb der Kongregation für den Klerus umzuwandeln, lieber schlug er vor, eine Anerkennung beim Päpstlichen Rat für die Laien zu versuchen.

Papst Johannes Paul II. war völlig davon überzeugt, dass die Laien sichtbarer werden und mehr Macht in der Kirche haben sollten. Aus dieser Überzeugung heraus erfand er den Weltjugendtag, der mit einer historischen Begegnung in Rom im März 1985 auf dem Lateranplatz begann. Die Vereinten Nationen hatten angekündigt, dass das Jahr 1985 ein Internationales Jahr der Jugend sein solle, und Papst Johannes Paul II. beschloss, dieses Jahr mit der Einberufung des beeindruckenden Treffens zu feiern. Einige Mitarbeitern waren skeptisch, was den möglichen Erfolg dieser Initiative betraf, doch der Papst hatte keine Zweifel: »Wir müssen es versuchen, denn hier liegt die Zukunft der Kirche.« Das Treffen war ein großer Erfolg und von diesem Tag an wurde für jeden Palmsonntag eine solche Veranstaltung organisiert.

Eine weitere große römische Aktion hing eng mit dem Ehrgeiz von Papst Johannes Paul II. zusammen, aus der Diözese Rom, seiner Diözese als Bischof von Rom, ein Beispiel für die ganze Welt zu machen. »Wie soll ich die anderen Bischöfe ermutigen, ihre Diözese wieder zu beleben, wenn meine eigene Diözese kein Beispiel ist?«, fragte er den Kardinalvikar der Diözese Rom und seine Helfer. Während er mit dem Palindrom *Roma-Amor* spielte, formulierte er eine kirchliche Botschaft, die in dem symbolischen Ausdruck enthalten ist: »Die Mission von Rom ist Liebe« (*La missione di Roma è amor*). Er hatte eine sehr emotionale Beziehung zu Rom und seiner Rolle als Bischof von Rom: *l'Urbe* – Rom und *l'Orbe* – Welt waren beide in seiner pastoralen Strategie enthalten. Auf einer Wand seines Schlafzimmers hing sogar eine große Karte der Diözese Rom, auf der all ihre Pfarrgemeinden verzeichnet waren: Viele dieser Pfarreien, das verrieten die auf der Karte vermerkten Notizen, besuchte der Papst im Laufe der Jahre, eine Reihe anderer, auch das wurde auf der Karte genau vermerkt, warteten noch auf seinen Besuch.

Eine große pastorale Verantwortung fühlte der Papst auch mit Bezug auf Italien: »Als der Bischof des Apostolischen Stuhls und Primas von Italien fühle ich mich als Teilnehmer des Lebens, der Freude und des Leidens der Bevölkerung Italiens«, sagte er einmal. 1994 lud er dazu ein, für Italien zu beten, damit die Krise, die das Land damals durchmachen musste, wieder aufhörte. Am 6. Januar des gleichen Jahres richtete er sogar einen Brief an die Italienische Bischofskonferenz, in dem er die Katholiken zur pastoralen Verantwortung aufforderte, um den Herausforderungen dieses historischen Moments die Stirn zu bieten.

Mit besonderer Sorge sah Johannes Paul II. die Bestrebungen der Separatisten, die die Einheit des Landes bedrohten. Ein direkter Zeuge aus jenen Tagen sagt darüber: »Ich erinnere mich noch gut an die Sorgen des Papstes im Sommer 1996, als die Parteimitglieder der Lega Nord zur Quelle des Flusses Po gingen. In dieser Geste sah er ein Verbrechen gegen die Einheit des Landes und fragte mich, warum die Carabinieri nicht eingriffen und es keine Reaktion des Präsidenten der Republik gäbe. Er wusste nur zu gut, was für ein wertvolles Gut Italien für den Heiligen Stuhl und den Papst ist. Aus dieser Überzeugung stimmte er der Entscheidung zu, dass die Funktion des Vikars von Rom und die des Präsidenten der Italienischen Bischofskonferenz von einer Person ausgeübt wird.«

Im Dialog mit anderen Religionen

Als Mann des Dialogs und der Konfrontation zögerte Johannes Paul II. nicht, im Rahmen seines Pontifikats auch ehrgeizige ökumenische Ziele zu verfolgen, was am 27. Oktober 1986 zu dem internationalen Treffen von Assisi führte, einem Treffen mit großer symbolischer Bedeutung.

Lange hatte der Papst überlegt, bevor er den Plan für diese Veranstaltung öffentlich vorstellte, denn er wusste, dass diese Idee in zweideutiger Weise aufgenommen und Zweifel auslösen könnte. Ermutigt vom damaligen Kardinal Joseph Ratzinger, der während eines Mittagessens seine positive Beurteilung ausdrückte, kündigte der Papst dieses Ereignis persönlich während der Generalaudienz am 22. Oktober an und erklärte, dass dieser Tag eine Gelegenheit sei,»zusammen zu sein und zu beten (…) einer neben dem anderen, um von Gott ein Geschenk zu erflehen, das die ganze heutige Menschheit dringend zum Überleben braucht: Friede.«

Trotz des unerschütterlichen Glaubens, dass Jesus Christus der einzige Erlöser der Welt ist, trug Johannes Paul II. in seinem Herzen die Sehnsucht nach einem Dialog mit anderen Religionen, in denen, nach der Lehre des Zweiten Vatikanischen Konzils, die»Strahlen der einzigen Wahrheit« enthalten sind. Wie ein weiterer Zeuge sagt:»Das Ergebnis von Assisi war, dass anstelle von Feindseligkeit und Feindschaft zwischen den Religionen Ansätze eines Dialogs erschienen.« Auch aus diesem Grund war es der Wunsch des Papstes (trotz unterschiedlicher Meinungen einiger der Kardinäle, die argumentierten, dass das Treffen in Assisi ein einmaliges Ereignis sein sollte), dieses Treffen jedes Jahr in den verschiedenen europäischen Zentren oder in den Mittelmeerländern fortzusetzen; eine Aufgabe, die er der Gemeinschaft Sant'Egidio übertrug.

Im Verhältnis zur muslimischen Welt zeigte Wojtyła eine außergewöhnliche Offenheit und Kooperationsbereitschaft, die er unaufhörlich mit seinem Verhalten bestätigte. Im Gespräch mit einer wichtigen Persönlichkeit aus der Welt der Politik über die hypothetische Möglichkeit des Beitritts der Türkei zur Europäischen Union wies er darauf hin, dass»wir, wenn wir auf die Geschichte schauen, nichts Gutes erwarten können, allerdings müssen wir in die Zukunft schauen und bereit sein, Egoismus und religiösen Fanatismus zu vermeiden«.

Diese kluge Gesprächshaltung wurde symbolisch am 14. Mai 1999 besiegelt, als der chaldäische Patriarch Raphael Bidawid I. in Begleitung von mehreren wichtigen Persönlichkeiten der säkularen und religiösen Kreise des Irak in den Vatikan kam. Am Ende der Audienz übergaben die muslimischen Mitglieder der Delegation dem Papst als Geschenk ein Exemplar des Korans. Der Papst verbeugte sich und küsste ihn als Zeichen des Respekts.

Viele griffen ihn dafür später an und legten diese Geste des Papstes als einen Beweis seiner doktrinären Schwäche aus. Dabei war dieser Kuss nichts anderes als ein Zeichen, mit dem dieser Mann des Glaubens seine tiefe Liebe für die Menschen und ihre Kultur ausdrückte, die Abraham als den gemeinsamen Vater aller Menschen, die an den einen Gott glauben, anerkennen. In seiner Einfachheit und Direktheit war diese Geste auch ein Aufruf zur Sensibilität unter seinen Gesprächspartnern, ein Appell zur Erwiderung.

Es war nicht der letzte Fall, in dem das Verhalten des Papstes, in der Absicht getan, die Beziehungen mit anderen Religionen zu beleben, falsch interpretiert wurde. Am 29. Juni 1995 besuchte der Patriarch von Konstantinopel, Bartholomäus I., den Petersdom, wobei es dazu kam, dass der Papst mit ihm zusammen das konstantinopolitanische *Credo* sprach, das sich darauf beschränkt, zu bekennen, dass der Heilige Geist »aus dem Vater« hervorgeht und nicht auch »aus dem Sohn« (Filioque). Die Ursache dafür ist ein theologisches Problem, das seit Jahrhunderten die östliche und westliche Kirche trennt.

Hinter der Entscheidung von Johannes Paul II., dieses Glaubensbekenntnis zu beten, steckte natürlich keine oberflächliche Zustimmung auf der Linie von »Wir haben uns gern«, vielmehr aber der Wunsch, einen wichtigen Schritt zu machen, beim Versuch, diese beiden Schwesterkirchen zu versöhnen. Er wünschte, wie er es während einer Predigt, die er am selben Tag hielt, erläuterte, »das Missverständnis zu zerstreuen, das bisher einen Schatten auf die Beziehungen zwischen Katholiken und Orthodoxen wirft«. In der Tat, das Ergebnis dieses Treffens war die Gründung einer gemeinsamen Kommission, betraut »mit der Aufgabe, angesichts des gemeinsamen Glaubens die gesetzliche Bedeutung und den rechtlichen Rahmen der verschiedenen traditionellen Aussagen zum ewigen Anfang des Heiligen Geistes in der Heiligen Dreifaltigkeit, die zu unserem gemeinsamen doktrinären und liturgischen Erbe gehören, zu klären«.

Die Angst mancher Orthodoxer, dass die römische Kirche Ambitionen habe, ihre Gläubigen abzuwerben, erwies sich als völlig unbegründet. Der Papst, vor allem während der Arbeit an der Enzyklika *Ut unum sint*, in der er sogar die Ausübung des Primats Petri zur Diskussion stellt, sagte dies oft, fast wie einen Slogan: »Mit den Orthodoxen will ich Harmonie und kein Gericht.«

Um ein paar dieser Gesten der Versöhnung und des Gebetes auszudrücken, zögerte der Papst auch nicht, kleine Tricks anzuwenden, so leistete er sich beispielsweise gegenüber dem orthodoxen Bischof von Athen, in der apostolischen Nuntiatur in Griechenland, einen »Scherz«. Während dieses kurzen und informellen Treffens sagte Johannes Paul II. irgendwann zu dem Bischof, dass er das *Vaterunser* in griechischer Sprache beten möchte. Sichtlich überrascht begannen die religiösen Autoritäten, das *Vaterunser* in ihrer Muttersprache zu rezitieren, und der Papst, auch auf Griechisch, begleitete sie im Gebet.

Eines der problematischen Themen, das im Seligsprechungsprozess untersucht wurde, war die heilige Kommunion, die Johannes Paul II. mehrmals persönlich Frère Roger Schutz spendete, dem Gründer der ökumenischen Gemeinschaft von Taizé, der am 16. August 2005 von einer gemütskranken Frau mit einem Messer ermordet wurde. Wenn Schutz nicht formal katholisch gewesen wäre, sondern evangelisch, wäre diese Handlung rechtswidrig gewesen. Der Bischof von Nanterre, Gérard Daucourt, erklärte jedoch: »Frère Roger konvertierte zum Katholizismus, worüber der Papst und die Bischöfe von Autun Bescheid wussten, allerdings enthüllten sie es nicht in der Öffentlichkeit.« Andere bestätigen, dass – obwohl es keinen formalen Übertritt aus der Gemeinschaft, wo Frère Roger getauft wurde, in die katholische Kirche gab – er ohne Zweifel den wahren Glauben an die Realpräsenz Christi in der Eucharistie besaß.

Johannes Paul II. lernte Frère Roger während des Zweiten Vatikanischen Konzils kennen. Jeden Morgen, wenn der damalige Kapitularvikar im Petersdom zum Gebet vor das Allerheiligste trat, traf er in der Kapelle Frère Roger. Infolgedessen besuchte Erzbischof Wojtyła 1964 und 1968 Taizé, wohl wissend, dass Frère Roger, wenn er auch nicht öffentlich seine Wurzeln verließ, in seinem Herzen doch den katholischen Glauben empfangen hatte. Das erste Mal, das Wojtyła die heilige Kommunion Frère Roger spendete, fand im Mai 1973 statt, als er noch Kardinal war und Frère Roger ihn in Krakau besuchte, um sich mit 200 000 Bergarbeitern während einer Kattowitz-Wahlfahrt zu treffen. Bei dieser Gelegenheit teilte ihm Frère Roger persönlich mit, dass er im August 1972 von seinem Bischof, dem Bischof von Autun, Armand-François Le Bourgeois, die Zulassung zur Eucharistie erhalten habe.

»In der Kirche gibt es keinen Platz für einen emeritierten Papst«

Im Laufe der Jahre begann Papst Johannes Paul II. für den Fall, dass es unmöglich wäre, weiter als Papst zu amtieren, über die Möglichkeit eines Rücktritts nachzudenken. Noch bevor er das Alter von fünfundsiebzig Jahren (was am 18. Mai 1995 der Fall war) erreicht hatte, suchte er das informelle Gespräch mit Autoritäten des Staatssekretariats, mit seinen engsten Freunden und Mitarbeitern, um mit ihnen über die Anwendungsmöglichkeit des Kirchenrechtsgrundsatzes, der den Rücktritt von Bischöfen im Alter von fünfundsiebzig Jahren vorsieht, mit Blick auf sein eigenes Amt als Bischof von Rom zu diskutieren. Die deutliche Verschlechterung seines körperlichen Zustands führte ihn zu einer ernsthaften Überlegung dieser Möglichkeit, obwohl er sich der Probleme, zu denen die Rolle eines emeritierten Papstes führen kann, durchaus bewusst war.

Er gab also den Auftrag, dieses Problem historisch und theologisch zu studieren, wobei er sich besonders mit Kardinal Ratzinger, dem damaligen Präfekten der Kongregation für die Glaubenslehre, beriet, sich in letzter Instanz aber dem Willen Gottes anvertraute. Tatsächlich hat er aber nichts anderes gemacht als das, was er bereits 1994 zu dem Chirurgen Gianfranco Fineschi sagte, der ihn nach dem Schenkelbruch operierte: »Herr Professor, Sie und ich haben nur eine Lösung. Sie müssen mich behandeln. Ich muss wieder gesund werden. Denn in der Kirche gibt es keinen Platz für einen emeritierten Papst.« Die Entscheidung, den Stuhl Petri nicht zu verlassen, gründete sich bei ihm in die spirituelle Hingabe an Gott, in den Glauben an die göttliche Vorsehung und die Fürsorge Marias. Die Synthese der wichtigsten Überlegungen, die es im Verlauf der Reflexionen gab, könnte wie folgt lauten: Ich hätte nie gedacht, dass ich zum Papst gewählt werden würde. Die Vorsehung Gottes hat mich auf diese Stelle geführt. Jetzt möchte ich diese Aufgabe nicht persönlich beenden. Der Herr hat mich schließlich hierhin gebracht; Ihm überlasse ich das Urteil und die Entscheidung, wann mein Dienst zu einem Ende kommen soll. Wenn ich zurückträte, würde ich selbst darüber entscheiden, aber ich möchte nur tun, was mit dem vollständigen Willen Gottes übereinstimmt: Also überlasse ich Ihm die Entscheidung.

In diesem Sinne schrieb der Papst im Jahr 1994 einen Text, der wahrscheinlich dem Kardinalskollegium vorgelesen werden sollte; über einigen Worten ist die Betonung markiert, um die Aussprache zu verbessern:

Lange habe ich vor Gott überlegt, was der Papst tun soll, wenn er das 75. Lebensjahr erreicht hat. In diesem Zusammenhang enthülle ich Ihnen, dass es vor zwei Jahren möglich erschien, dass der Tumor, wegen dessen ich operiert werden musste, bösartig wäre, sodass ich dachte, dass der Vater im Himmel dieses Problem bereits im Vorfeld lösen wolle. Dazu ist es allerdings nicht gekommen.

Nach langem Gebet und gründlicher Reflexion über meine Verpflichtung vor Gott halte ich es für notwendig, der Anordnung und dem Beispiel von Paul VI. zu folgen, der angesichts des gleichen Problems beschloss, dass er das apostolische Mandat nicht aufgeben könne, außer aufgrund des Vorhandenseins einer unheilbaren Krankheit oder eines sonstigen Hindernisses, das die Ausübung der Funktion des Nachfolgers Petri behindern würde.

Auch ich habe, den Spuren meines Vorgängers folgend, meinen Willen niedergeschrieben, um vom sakralen und kanonischen Amt des römischen Papstes zurückzutreten, wenn eine Krankheit vorläge, die als wahrscheinlich unheilbar gilt und mir (in ausreichender Weise) die Ausübung der Funktion des Dienstes Petri verhindern würde.

Tritt dieser Fall jedoch nicht ein, betrachte ich es als ernste Verpflichtung meines Gewissens, dass es notwendig ist, die Aufgabe fortzusetzen, zu der Christus der Herr mich berufen hat, solange Er, dessen Vorsehung unerforschlich ist, es will.

Der Text von Paul VI., auf den der Papst sich berief, entstand am 2. Februar 1965 und wurde auch in einem anderen unveröffentlichten Manuskript zitiert, das vom 15. Februar 1989 stammt (und auf das die zitierte Erklärung aus dem Jahre 1995 verweist):

Nach dem Beispiel des Heiligen Vaters Paul VI. (siehe Text vom 2. II. 1965) erkläre ich hiermit, dass ich:

- im Falle einer Krankheit, die als langwierig und wahrscheinlich unheilbar gilt und die mich daran hindert, in ausreichender Weise meinen apostolischen Dienst auszuüben,
- oder wenn eine weitere, langwierige Schwierigkeit ein mögliches Hindernis sein würde,

auf mein sakrales und kanonisches Amt sowohl als Bischof von Rom wie auch als Oberhaupt der heiligen katholischen Kirche verzichten werde, und die Vollmacht, meinen Rücktritt anzunehmen und ins Leben zu rufen (sic!) in die Hände des Dekans des heiligen Kardinalskollegiums lege wie auch in die der Kardinäle, die an der Spitze des Dikasteriums der Römischen Kurie stehen, und in die Hände des Kardinalvikars von Rom (vorausgesetzt, dass diese Kardinäle ordnungsgemäß berufen sind, und wenn dies nicht der Fall ist, in die Hände der Kardinäle, die Vorgesetzte des heiligen Kollegiums sind).

Im Namen der Heiligen Dreifaltigkeit
Romae, 15. II. 1989
Ioannes Paulus PP II

Papst Johannes Paul II. bot der fortschreitenden Verschlechterung seines Gesundheitszustandes bei vollem Bewusstsein die Stirn. »Denken Sie, dass ich im Fernsehen nicht sehe, wie ich aussehe?«, reagierte auf ermunternde Worte eines engen Mitarbeiters. Als er gezwungen war, mit dem Stock zu laufen, fühlte er sich zunächst ein wenig unbeholfen. Die öffentlichen Auftritte mit diesem deutlichen Zeichen seiner körperlichen Zerbrechlichkeit waren nicht leicht für ihn, sodass er die Angewohnheit annahm, seinen Stock hinter der Tür zu lassen, bevor er zum Podium der Vatikanischen Audienzhalle hereinschritt. Bald jedoch akzeptierte er diesen neuen Zustand, wie sein amüsiertes Umherwedeln mit dem Stock vor Millionen von jungen Menschen während die Nachtandacht beim Weltjugendtag in Manila im Januar 1995 beweist.

Dazu fehlte es nicht an Momenten, in denen er versuchte, diese Situation mit seiner üblichen Ironie zu entdramatisieren. Am 29. März 1998 improvisierte er während der Predigt und sagte: »Ich möchte euch fragen, warum der Papst mit einem Stock geht ... Ich dachte, dass ihr antworten werdet: weil er alt ist! Inzwischen habt ihr eine gute Antwort gegeben: weil er ›Hirte‹ ist! Der Hirte trägt einen Stock, um sich darauf zu stützen und um den Schafstall ein bisschen zu ordnen.« Bei einer anderen Gelegenheit, während einer Reise nach Lateinamerika, entdeckte er einen Kardinal, der einen Unfall gehabt hatte und mit dem Stock lief: »Eminenz, wir sind beide geschlagen worden«, sagte er lächelnd (geschlagen – *bastonato* von it. *Bastone* – Stock, Anm. des Übers.).

Als er achtzig Jahre alt wurde, im großen Jubiläumsjahr 2000, überließ er sich vollständig dem Willen Gottes. Wie er es in seinem Testament eingesteht: »Ich vertraue darauf, dass Er mich erkennen lassen wird, bis wann ich diesen Dienst, zu dem Er mich am 16. Oktober 1978 rief, ausführen soll. Ich bitte Ihn, dass Er mich abberuft, wann Er will. ›Ob wir leben oder ob wir sterben, wir gehören dem Herrn‹ (vgl. Römer 14,8). Ich hoffe auch, dass mir die Barmherzigkeit Gottes, solange ich den Dienst Petri in der Kirche ausübe, die dafür unerlässliche Kraft verleihen wird.«

Die Rückkehr zum Haus des Vaters

Im letzten Monat des Lebens von Karol Wojtyła manifestierte sich in ganzer Fülle das Motto »Totus Tuus«, das die totale Hingabe in die Hände des Vaters und der Jungfrau Maria meint.

Nach der Tracheotomie am 24. Februar 2005, die für die Überwindung der akuten respiratorischen Insuffizienz notwendig war, hatte Johannes Paul II. große Probleme beim Reden. Mit einem befreundeten Bischof versuchte er mithilfe von Gesten zu kommunizieren. Dieser Bischof erinnert sich: »Mit großer Anstrengung versuchte er ein paar Sätze zu sprechen. Einer von ihnen war: ›Alles liegt in den Händen Gottes.‹ Er war fröhlich, versöhnt mit der Situation und sich seines Zustandes wohl bewusst, zweifellos litt er.«

Während der letzten Tage wiederholte er oft, dass Petrus mit dem Kopf nach unten gekreuzigt worden sei. In der Gemelli-Klinik meditierte er täglich über den Tod Christi, in Vorbereitung auf die Karwoche. Eines Tages hörte eine der Schwestern, die sich um ihn kümmerten, die Frage: »Wie spät ist es?« und antwortete: »Es ist drei Uhr.« Der Papst flüsterte: »Oh, der Herr Jesus ist bereits am Kreuz gestorben, Er leidet nicht mehr«, dann heiterte sich seine Stimmung auf.

Am 13. März wollte er unbedingt zurück in den Vatikan, in der Hoffnung, dass er die österlichen Rituale feiern könne, aber es war nicht möglich, die Feierlichkeiten zu zelebrieren. Das war ein schwerer Schlag für ihn. Nur ein Jahr zuvor hatte er einem engen Mitarbeiter, der versuchen wollte, die päpstlichen Aufgaben während der Karwoche zu reduzieren, entgegnet: »Solange ich lebe und der Herr mir die Kraft gibt, es zu tun, werde ich nicht eine einzige der liturgischen Feierlichkeiten in der Karwoche und während Ostern verpassen.«

Millionen von Menschen in der ganzen Welt erinnern sich an das vom Fernsehen übertragene Bild, das den Rücken des Papstes zeigt, und wie dieser während der Feier des Kreuzweges am Karfreitag das Kreuz in seiner Privatkapelle umarmt. Einer, der diese Szene begleitete, verglich sie mit einem Vorfall, der sich während einer Wanderung am 17. Juli 1991 in Comboè, im Aostatal, ereignete: »Lang und intensiv umarmte Papst Johannes Paul II. ein großes Holzkreuzes das sich am Rand der Alpen befindet. Wir standen in angemessenem Abstand, ohne Worte, gegenüber dieser unerwarteten und berührenden Geste: Auf dem Gesicht des Papstes wurden die Anzeichen tiefen, inneren Leidens sichtbar.«

Während seiner letzten Karwoche antwortete der Papst einem Kardinal, der ihm vorschlug, diese große Anstrengung, die die Grenzen seiner Möglichkeiten übersteige, zu beschränken: »Jesus ist nicht vom Kreuz gestiegen, warum soll ich vom Kreuz steigen?« Einmal während der Wallfahrt nach Lourdes, im August 2004, geschah es, dass er ganz schwach wurde. Mehrfach musste er die Predigt unterbrechen, auf Polnisch bat er seinen Sekretär um ein Glas Wasser und flüsterte: »Ich muss bis zum Ende kommen.«

Am Ostersonntag, dem 27. März, war Papst Johannes Paul II. nicht in der Lage, die Worte des Segens *Urbi et Orbi* vom Fenster des Petersplatzes aus zu sprechen und beschränkte sich darauf, mit Hand des Zeichen des Kreuzes zu machen. Während er vom Fenster weggezogen wurde, zutiefst unglücklich über seine offen gelegte Schwäche, sprach er die Worte der totalen Hingabe an Gott: »Wenn ich meinen pastoralen

Dienst nicht mehr ausführen kann, mit den Menschen zu sein, die heilige Messe zu feiern, dann ist es wahrscheinlich besser, dass ich sterbe«, und fügte gleich dazu: »Dein Wille geschehe, Totus Tuus.«

Am Mittwoch, dem 30. März, lehnte er sich um etwa 11 Uhr, zur Zeit der traditionellen Generalaudienz, aus dem Fenster des Apostolischen Palastes, um Tausende von Pilgern, die auf dem Petersplatz versammelt waren, zu segnen. Dies war sein letzter öffentlicher Auftritt. Einen Tag später, wieder um 11 Uhr, feierte er mit Hilfe seiner Sekretäre eine heilige Messe in seiner Privatkapelle, die er nur mit großen Schwierigkeiten beendete. Kurz danach wurde er ins Bett geführt und die Ärzte gaben ihm die notwendige Hilfe.

Am Donnerstagnachmittag betete er, wie es üblich war, die heilige Stunde. Später bat er darum, ihm einen Abschnitt seines Buches *Das Zeichen des Widerspruchs* vorzulesen, in dem der Satz von Christus erwogen wird: »Mein Herr, wenn es möglich ist, gehe dieser Kelch an mir vorüber. Christus, der sich am Geheimnis der Freiheit Gottes beteiligte, weiß, dass es nicht unbedingt so sein muss, und zur gleichen Zeit weiß Er, der an der Liebe Gottes voll beteiligt ist, dass es nicht anders sein kann.« Während der heiligen Stunde verlor er nicht das Bewusstsein und während der Rezitation der Litanei zu unserem Herrn Jesus Christus, Priester und Opfer, hob er in einer Geste des Trostes bei den Worten *Sacerdos et Victima* zu einer sehr berührten Schwester die Hand hoch. Kurz danach verschlechterte sich die Situation weiter. Bei dem Papst zeigte sich ein starker septischer Schock zusammen mit einem Herz-Kreislauf-Zusammenbruch, verursacht durch eine Infektion der Harnwege.

Am Freitag, dem 1. April, wurde an seinem Bett um 6 Uhr morgens die heilige Messe gefeiert, während der es dem Papst gelang, die Worte der Transsubstantiation (Wandlung) auszusprechen. Mit Hilfe von Schwester Tobiana betete er das Stundengebet aus dem Brevier und andere Gebete, dann widmete er sich der Anbetung und Meditation. Schließlich forderte er eindringlich die Lektüre des *Via Crucis* und des Evangeliums nach Johannes, er hörte zu, wie der Geistliche Tadeusz Styczeń neun Kapitel las.

Auch am Samstagmorgen wurde an seinem Kopfende die heilige Messe gefeiert, aber es war bereits das Schwinden seines Bewusstseins festzustellen. Trotz der ständigen Versorgung mit Sauerstoff hatte er zudem Atemprobleme. Am Nachmittag wurden in seinem Zimmer der Rosenkranz und die Vesper gebetet.

Ungefähr um 20 Uhr beschloss sein Sekretär, Bischof Dziwisz, die Messe neben seinem Bett zu feiern. Die Messe wurde von Kardinal Marian Jaworski zelebriert, der dem Papst das Sakrament der Krankensalbung spendete. Zum Zeitpunkt der Kommunion versuchte Bischof Dziwisz, einen Teelöffel mit Tropfen von Messwein auf den Mund des Papstes zu legen, aber er öffnete die Augen nicht mehr und atmete mit zunehmender Anstrengung. Alle Anwesenden knieten nach der heiligen Messe in Danksagung nieder und blieben in dieser Position bis zum Ende, bis zu dem Moment, als Karol Wojtyła seinen Kopf leicht zur rechten Seite lehnte und sein Gesicht einen fröhlichen Ausdruck annahm. Es war der 2. April 2005, 21.37 Uhr, der erste Samstag des Monats und die erste Vesper des Festes der Göttlichen Barmherzigkeit.

Auf dem Petersplatz breitete sich sofort die Nachricht von seinem Tod aus. Tausende von Menschen gaben die Nachricht über den Verlust des geliebten Papstes, der ein Teil ihres Lebens geworden war, traurig weiter. Doch sie erkannten auch, was für ein außergewöhnliches Zeugnis des Glaubens Johannes Paul II. mit seinem Leben gegeben hatte, in einer Weise, die bereits der Apostel Paulus treffend beschrieben hat: »Ich habe den guten Kampf gekämpft, den Lauf vollendet, die Treue gehalten« (2 Tim 4,7).

In die Geschichte ging die Szene auf dem Petersplatz ein, am Tag des Begräbnisses: als ein starker Wind auf dem Hof der Kirche die feierlichen Gewänder der Bischöfe hochhob und die Blätter des Evangeliars auf dem Sarg von Papst Johannes Paul II. durchwehte. Am Fuße der Treppe aber war es schon ruhig. Rund um den Altar blies der Heilige Geist. In geradezu poetischer Weise fasst das Geschehen ein Priester zusammen: »An dieser Stelle entdeckte ich nicht nur die Stärke der betenden Kirche, die ihre Liebe und ihren Respekt für den Hirten ausdrückte, der sie fast siebenundzwanzig Jahre geleitet hatte, sondern eine echte Manifestation von Pfingsten.«

Weniger bekannt ist eine weitere bedeutende Episode, die sich in Mexiko-Stadt abspielte. Kurz vor der Beerdigung fuhr symbolischerweise das *Papamobil*, mit dem der Papst sich während seiner Besuche in diesem Land bewegt hatte, von der Apostolischen Nuntiatur ab. In der Mitte des Fahrzeugs gab es einen Stuhl, der während einer heiligen Messe des Papstes verwendet worden war, auf dem ein Bild des Papstes stand. Die traurige Prozession zog durch die Straßen der Stadt, um die Basilika Unserer Lieben Frau von Guadalupe zu erreichen, wo sich Tausende von Gläubigen versammelten, um die Fernsehübertragung direkt aus Rom zu verfolgen. Der Stuhl wurde an den Eingang der Basilika gestellt und plötzlich, genau im Moment, als über den Petersplatz ein starker Wind wehte, ließ sich auf dem Stuhl eine Taube nieder.

KAPITEL 3

DER MYSTIKER

Flussaufwärts steigen in Richtung Quelle

Viel wurde über das Leben von Papst Johannes Paul II. geschrieben. Vieles sagte er selbst über sich, nicht nur in Buchinterviews oder Gesprächen, die um seine Erinnerungen kreisten, sondern auch in zahlreichen biografischen Passagen, die er gerne in seine Reden oder Predigten einschob. Einmal erlaubte er sich ein sehr intimes Geständnis: »Sie versuchen, mich von außen zu verstehen. Aber ich kann nur von innen her verstanden werden.«

Das Leben von Johannes Paul II. bezog seine Basis und seinen Glanz aus der völligen Übereinstimmung mit Christus, aus der Sicherheit, in seinen Händen zu sein, und der Unmöglichkeit, seine Liebe zu verlieren. Diese spirituelle Haltung findet man mit extremer Intensität ausgedrückt in den Worten von Paulus: »Nicht mehr ich lebe, sondern Christus lebt in mir« (Gal 2,20). Die wesentliche Grundlage besteht nicht so sehr in der Praxis der heroischen Tugenden, sondern in der Fähigkeit, echte Beziehungen zu anderen herzustellen, gemäß den Worten Jesu: »Vielmehr habe ich euch Freunde genannt« (15,15).

Glaube, Hoffnung, Barmherzigkeit sowie Mut, Ausdauer, Distanz zu vergänglichen Gütern stützten sich bei Johannes Paul II. auf die Sicherheit der Zugehörigkeit zu Christus. Daher kam seine Freiheit des Denkens und des Handelns. »Oh, ja? Und in welcher Zeitung werden sie veröffentlicht werden?«, antwortete er seinen Mitarbeitern, die ihm besorgt von den berühmten Bildern berichteten, die ein Paparazzo aus dem Hinterhalt geschossen hatte und die den Papst in seinem Schwimmbad in der Residenz in Castel Gandolfo zeigen.

Sein Handeln wurde bestimmt von der mystischen Fähigkeit der Beobachtung und Bewertung der Welt als Werk Gottes und als Gottes ständige Manifestation unter den Menschen. Dieses Überschreiten des einfachen Verlaufs der Dinge wird in metaphorischer Weise im *Römischen Triptychon* erklärt, seinem letzten dichterischen Werk, wo der Aufstieg des Bachs flussaufwärts zur Quelle beschrieben wird, bis zu dem Punkt, an dem Gott den Menschen nach seinem Ebenbild erschaffen hat.

Dieser Blick und diese Nähe zu Christus waren die Essenz des Priestertums des Papstes. Einem römischen Seminaristen, der ihn fragte, was es für ihn bedeute, der Stellvertreter Christi zu sein, antwortete Johannes Paul II. spontan: »Schon bevor ich der Stellvertreter Christi wurde, war und handelte ich als Priester stellvertretend für die Person Christi.« So konnte Papst Benedikt XVI. bei einem seiner ersten Angelusgebete das Leben von Johannes Paul II. als eine gelungene eucharistische Parabel darstellen, als perfekte Illustration dessen, was es heißt, sein Leben für die Kirche zu geben, für die Brüder – zur größeren Verherrlichung Gottes.

Von Anfang an war das Leben von Johannes Paul II. charakterisiert durch diese Offenheit, von Gott zu empfangen. Schon als Zwanzigjähriger erlebte er den Schmerz der physischen Trennung von allen, die ihm nah waren. Gerade der

Tod des Vaters, der ihn allein zurückließ, zeigte ihm, wie unsicher und brüchig jede menschliche Sicherheit ist, und er verstand, dass er nicht mehr auf seine Stärke zählen konnte, sondern nur Christus und der durch ihn verheißenen Erlösung vertrauen konnte. Dieses totale Vertrauen auf Gott war keine Kompensation mangelnder Gefühle, sondern eine natürliche Folge des früh gewählten Weges. Ein Weg, der geprägt wurde von der allmählichen Entdeckung der Stärke und Schönheit des Wortes Gottes und seiner Überlegenheit im Vergleich zu den Menschen; dafür war besonders die Entscheidung wichtig, das Theater zu verlassen, um in das Seminar einzutreten, die Theologie an die Stelle der Ästhetik zu setzen.

Selig sind die Armen

Die Wahl, im Namen der Wahrheit in Gemeinschaft mit Christus zu leben, fiel bei Wojtyła zusammen mit der immer stärker werdenden Suche nach dem, was wesentlich ist, und mit dem Wachsen in der Armut des Geistes, die zu den ersten Seligpreisungen gehört. Christus überwindet die alttestamentarische Bedeutung der Armut, nach deren Verständnis ein Mangel an materiellen Mitteln ein vom Herrn geschicktes Unglück ist im Gegensatz zum Segen, dessen klares Zeichen die Fülle von Tieren, Frauen, Kindern und Gütern war – Christus identifiziert die Armut in der Bergpredigt mit einem Zustand, in dem man sein Herz öffnet, um die »gute Nachricht« zu empfangen, eine Flut von Göttlichkeit in der Welt, welche die Präsenz des Reiches Gottes unter den Menschen ankündigt. Die Entwicklung von Karol Wojtyłas Mystik war in der Tat eine allmähliche Formung von sich selbst hin auf Anawim, »den Armen von Israel«, der keine andere Hoffnung, keinen anderen Bezugspunkt mehr hat als Gott. Seine vorzeitige Reife führte ihn zu einer asketischen Distanz gegenüber allen vergänglichen Gütern.

Schon in den Tagen, als er in der Solvay-Fabrik arbeitete, bemerkten die Kollegen, dass er in den frühen Morgenstunden oft ohne Jacke oder Pullover erschien, die er tags zuvor noch getragen hatte, wofür er sich immer in der gleichen Weise rechtfertigte: »Ich habe ihn der Person gegeben, die ich auf dem Weg getroffen habe, sie hat ihn mehr gebraucht als ich.« Die Kollegen gaben ihm etwas, um sich zu bedecken, aber meist blieben diese Ersatzgeschenke nicht lange in seinem Besitz, was bei den Spendern Unzufriedenheit auslöste.

Nach dem Krieg wurde Wojtyła dazu berufen, das Sprechzimmer des Priesterseminars auf der Podzamcze-Straße zu leiten. Seine Aufgabe war es, die Menschen, die (in den meisten Fällen) um spirituelle, aber auch um materielle Hilfe baten, zu empfangen und ihnen zuzuhören. Einer seiner damaligen Mitbrüder erzählt, dass Wojtyłas »grenzenloses Vertrauen in die Vorsehung Gottes beispielhaft war, ebenso seine außergewöhnliche Sensibilität für jede Form des Leidens. Er dachte nie an sich selbst und seine eigenen Bedürfnisse. Mit den Armen teilte er alles, was er hatte. Er wusste mit Takt und Respekt zu geben, sodass der Empfänger sich nicht erniedrigt fühlte. Ich nahm unwillkürlich an diesen Episoden teil, versuchte jedoch, nicht aufzufallen und nahezu unbemerkt herauskommen, um weder ihn noch den Empfänger in Verlegenheit zu bringen.«

Eines Tages bemerkten die Schwestern, bei denen er nach der Priesterweihe die heilige Messe feierte, dass seine Kleidung überhaupt nicht angepasst an die Winterkälte war, und beschlossen, ihm einen Pullover aus dicker Wolle zu stricken. Es ist leicht vorstellbar, was sie dachten, als sie Wojtyła eine Woche später ohne diesen Pullover sahen, den er einem Armen geschenkt hatte.

An einem Sonntagmorgen musste in der Kirche des heiligen Florian eine Gruppe von Gläubigen lange Zeit auf ihn warten, bevor er erschien, um die heilige Messe zu feiern. Er trat erst in die Kirche, als es dem Sakristan gelungen war, ihm seine Schuhe leihen zu dürfen. Am Abend zuvor hatte der junge Pfarrassistent sein einziges Paar Schuhe einem befreundeten Studenten gegeben, der dringend Schuhe benötigte. Wenige Jahre später, als Wojtyła schon Bischof war, riss während eines Pastoralbesuches die Sohle von seinen Schuhen, sodass schnell ein neues Paar Schuhe gekauft werden musste. Wojtyła bevorzugte aber, zum Schuster zu gehen; erst als er hörte: »Hier kann man nichts mehr reparieren!«, stimmte er dem Kauf zu.

In der Diözesanverwaltung gab es für sein Verhalten kein großes Verständnis: Die früheren Erzbischöfe, alle mit adeligen Wurzeln, achteten sorgfältig darauf, die Manieren ihrer Herkunft angemessen zu kultivieren. Wojtyła hingegen distanzierte sich deutlich von dieser Tradition und unterbrach die Kontinuität. Dies zeigte sich nach dem Besuch bei der Gemeinschaft der polnischen Emigranten in den Vereinigten Staaten, die ihm ein Geschenk machten: das neueste Luxusmodell von Ford, das ihm direkt nach Krakau geliefert wurde. Für kurze Zeit fuhr der Kardinal mit dem Wagen, dann beschloss er, es gegen einen ökonomischeren und populären Wolga einzutauschen. Als seine Mitarbeiter ihn nach dem Grund für diese Entscheidung fragten, hörten sie: »Als mir die verschiedenen Modelle der Autos im Katalog gezeigt wurden, wählte ich dieses, da es mir als das kleinste erschien. Jedoch, als ich es persönlich sah, erkannte ich, dass es für mich zu schön sei. Dazu kommt: Während eines Pastoralbesuchs hörte ich, wie ein Kind zu einem anderen sagte: ›Was für ein Auto!‹ Ich will nicht, dass die Gläubigen sich wegen des Fahrzeugs, mit dem ich zu ihnen kam, an meinen Besuch erinnern, sondern wegen meines Dienstes.«

Das Wesen der Dinge als eine Form der Freiheit

Nie war es einfach, Wojtyła etwas zu schenken. Als er den zwanzigsten Jahrestag der Priesterweihe feierte, beschlossen die Präfekten der Diözese, ihm kein Geld zu geben, weil sie wussten, dass er dies sofort verschenken würde. Wer ihm einen Umschlag mit Geld schenkte, konnte sicher sein, dass der Erzbischof diesen Umschlag, ohne ihn zu öffnen, an den Verwalter der Kurie weiterreichen würde, vorausgesetzt, dass ihm nicht zuvor jemand in Not über den Weg lief. Jedes Mal schenkte Wojtyła den Priestern, die zu ihm für eine Audienz kamen, kleine Geldsummen, mit der Erklärung, dass dies Geldopfer für die Feier der heiligen Messe seien.

Der Kaplan der Universität Krakau erinnert sich daran, dass am Ende eines Gottesdienstes, den der Erzbischof in der Herz-Jesu-Basilika für die Studenten feierte, diese ihm ein Geldopfer überreichten. Wojtyła wollte es erst nicht annehmen, nach langem Drängen akzeptierte er es aber doch, weil es ein paar Notfälle lösen könne. Einige Zeit später erfuhr der Kaplan dann, dass das Geld »zur Basis zurückgekommen« war, da der Kardinal es persönlich an den Verantwortlichen für die akademische Seelsorge gegeben hatte, mit dem Hinweis, dass dieses Geld zur Hilfe an arme Studenten weitergeben werden solle.

Die Person, die zu diesem Zeitpunkt mit seiner Garderobe beschäftigt war, erzählt, dass Wojtyła immer bescheidene Kleidung trug und sich weigerte, diese gegen neue auszutauschen, auch wenn seine schon reichlich abgenutzt war. Wenn es Löcher gab, bat er, diese zu stopfen. Er hatte nur einen Mantel, dem er im Winter ein Einknöpffutter anhängte, das er während der Frühlings- und Herbstperiode abzog. Wenn er zum Skilaufen fuhr, zog er einen schon ziemlich mitgenommenen Overall an, der nur wenig Kälte und Feuchtigkeit abhielt. In seinem Schrank gab es außer den priesterlichen Gewändern nur eine Hose und ein paar Hemden.

Während eines Jahres war es in den Sommerferien so warm, dass er den Hemden die Ärmel abschnitt. Zum Anbruch des Winters merkte dies die Pfarrhaushälterin Maria und berichtete dem Hausverwalter davon, der nicht lange zögerte: »Kein Problem. Ich gehe jetzt raus, um ihm ein neues Hemd mit langen Ärmeln zu kaufen.« Maria hatte aber Bedenken: »Es ist nicht so einfach, da er neue Kleidung nicht trägt, sondern verteilt.« Die Hemden wurden gekauft, aber um dafür zu sorgen, dass er sie auch anzog, war ein kleiner Trick nötig, auf den Maria im Laufe der Zeit kam: Sie musste die Hemden beschmutzen und sie dann so lange waschen, bis sie gebraucht aussahen. Wojtyła ahnte nichts davon und zeigte keine Vorbehalte.

Obwohl er fast nichts besaß, ermutigte Wojtyła die Haushälterin stets, das, was er selbst als überflüssig ansah (auch wenn es sich tatsächlich um die notwendigsten Dinge handelte), zu verteilen. Manchmal sagte er: »Bitte, gehen Sie in meine Zimmer und machen Sie ein bisschen Ordnung mit meinen persönlichen Sachen. Ich habe zu viel. Die beschädigten Kleider lassen Sie bitte für mich, die besseren verteilen Sie unter den Bedürftigen.« So gesehen gab es eigentlich nichts zu verschenken.

Einmal in den Zeiten als Weihbischof von Krakau hörte Wojtyła, während er im ersten Stock der Residenz auf der Kanoniczna-Straße war, Stimmen, die vom Erdgeschoß heraufkamen. Er ging runter, um zu sehen, was passiert war. Emilia, die Köchin, erklärte, dass eine Person da sei, die um Kleidung bettle. Der Bischof bat die Köchin daraufhin, mit ihm in sein Zimmer zu gehen, und öffnete den Schrank: »Nehmen Sie dies und geben Sie es dem Mann.« Dann setzte er seine Aufgaben fort.

Nach der Wahl zum Papst milderte Wojtyła seine Rigorosität nicht. Er lehnte den Austausch von leicht beschädigten Möbeln in der päpstlichen Wohnung, die zuvor von Papst Paul VI. verwendet worden waren, kategorisch ab. Nur im Fall der Küche gab er aus Sicherheitsgründen nach. Während des Urlaubs in Lorenzago di Cadore bemerkten die Schwestern der heiligen Elisabeth, die sich um das Gebäude, wo er zu Gast war, kümmerten, dass seine Unterwäsche so gestopft war, dass sie die Haut reizen musste. Sie entschieden daher, die alte durch völlig neue zu ersetzen. Zu ihrer Überraschung wurden sie für ihre Tat vom Papst delikat gerügt. Auf die gleiche Weise verhielt er sich während seines Aufenthaltes im Krankenhaus. Wenn die Socken, die er trug, löchrig waren, bat er darum, sie zu stopfen, und ermunterte seine Mitarbeiter, eine neues Paar an die Person zu geben, die sie dringender benötige als er.

An dieser Entscheidung für ein Leben in Armut gab es nichts Künstliches. Karol Wojtyłas Verhalten ergab sich aus dem Wunsch, vollständig Christus ähnlich zu sein. Wie Kardinal Camillo Ruini, der Vikar der Diözese Rom, während des Seligsprechungsprozesses öffentlich betonte, entsprang dieses Verhalten aus der tiefen, inneren Freiheit, die den Papst kennzeichnete und sich in seiner charakteristischen Art der Beziehung zu Menschen, Tieren und materiellen Dingen äußerte. Dieses Zeugnis hatte einen symbolischen Wert und noch mehr, weil es tatsächlich innerlich gelebt wurde, frei von jedem Ehrgeiz, ein Held sein zu wollen.

Ein wenig bekanntes Ereignis, das neben anderen diese Haltung veranschaulicht, ereignete sich während eines Pastoralbesuches in Brasilien. Beim Treffen mit Gläubigen in einer *Favela* in Rio de Janeiro war Papst Johannes Paul II. sehr berührt von der enormen Armut einer Familie. Er zog seinen Ring vom Finger und übergab ihn der Mutter der Kinder, die sich um ihn scharten. Es war ein goldener Ring, ein Geschenk von Papst Paul VI. anlässlich seiner Ernennung zum Kardinal. Jedoch zögerte Wojtyła nicht, diesen Ring abzugeben, da er zu dieser Zeit das Wertvollste war, was er besaß. Für den Rest dieser Apostolischen Reise war er gezwungen, sich den bischöflichen Ring vom Kardinalsekretär des Vatikanstaats zu leihen.

Ein kreativer und poetischer Gedanke

Die Anzahl der wissenschaftlichen, literarischen und poetischen Texte von Karol Wojtyła ist enorm. Allein sein so genanntes Lehrwerk aus der Zeit als Papst umfasst zahlreiche Bände und entspricht – um ein Bild zu haben – etwa zwanzig Bibeln. Während der kanonischen Recherchen, zu der die Experten eingeladen waren, wurde eine gründliche Analyse seiner Werke durchgeführt, um die grundlegenden, darin enthaltenen Gedanken zu bestimmen. Aus dieser sorgfältigen Lektüre wurde das geistige Profil von Johannes Paul II. abgeleitet, das man, nach Einschätzung eines beteiligten Theologen, in fünf Gedankenbereiche unterteilen kann, sowie als Ergebnis davon, in sein Leben und seine Handlungen.

In erster Linie geht es ihm um den Menschen, der in engem Kontakt mit Gott durch Christus Jesus steht. Nur durch Gott kann er in vollem Umfang sich selbst verstehen und nur in ihm kann er seine Berufung zum Glück auf Erden und im Himmel verwirklichen. Die Sorge um den Menschen, um seine Würde und seine Rechte (Freiheit, Gerechtigkeit, Respekt für das Leben von der Empfängnis bis zum Tod), ist das zentrale Thema aller Texte des Papstes. Den zweiten Platz belegt das Problem des Glaubens, als einzige Möglichkeit, die Rolle des Menschen, die Ereignisse seines Lebens und die Situation in Kirche und Welt zu lesen und zu verstehen. Der

Glaube ist auch die Kraft, die in der Lage ist, jede denkbare Schwierigkeit, welche die Menschenwürde bedroht und die menschliche Freiheit beschränkt, zu überwinden.

Aus der Überzeugung, dass der wahre Glaube durch die Liebe entsteht und sich festigt, folgt der dritte wichtige Aspekt für Papst Johannes Paul II.: Barmherzigkeit, die aus der heroischen Liebe zu Gott und zu den Menschen besteht. Diese Liebe gibt dem Leben den endgültigen Sinn, sie formt die Bereitschaft zur Vergebung, schenkt die Hoffnung für ein besseres Morgen, zerstört die Mauern der Feindseligkeit, der Vorurteile und des Hasses, um das Fundament für die Zivilisation der Liebe zu bauen. Eine authentische Liebe schafft keine Sklaven, sondern respektiert die Freiheit und Würde des Partners. Daraus folgt als Konsequenz das vierte zentrale Thema – der Dialog, welcher die einzig wertvolle und relevante Art des Gesprächs mit einem anderen Menschen ist in der gemeinsamen Suche nach der Wahrheit. Die Kraft für einen solchen Dialog gibt das Gebet, welches den fünften thematischen Schwerpunkt bildet. Es ist von der Natur her ein liebesvolles Gespräch zwischen Mensch und Gott sowie zwischen Gott und Mensch und bildet die Grundlage aller menschlichen Beziehungen, die Grundlage des Glaubens, der Hoffnung und der Barmherzigkeit.

Die Reden und Dokumente, die im Zusammenhang mit dem Pontifikat stehen, haben natürlich eine besondere Bedeutung, dennoch weisen die Texte, die außerhalb des Amtes entstanden, die originellsten Gedanken Karol Wojtyłas auf, weil eine ganze Reihe von wichtigen Überlegungen und Ideen, die im Laufe der Jahre reiften, sich dort am deutlichsten konkretisiert haben.

Die Expertenanalyse wies auf die besondere Kreativität seiner Gedanken hin, kombiniert mit einer hohen logischen Disziplin und einer großen Gelehrsamkeit, sowohl philosophisch-theologisch wie auch historisch-literarisch, angereichert mit einer poetischen Sensibilität. Unter seinen vielen Werken wurde eines von ihnen als symbolischer Höhepunkt seiner asketischen Entwicklung gezeigt: *Zeichen des Widerspruchs*, die Sammlung der Reflexionen aus den Pastoralexerzitien, die er vom 7. bis 13. März 1976 vor Papst Paul VI. und der Vatikanischen Kurie hielt.

Der Titel des Buches bezieht sich auf eine Passage des Evangeliums, die so genannte Prophezeiung Simeons über die Geburt Jesu: »Dieser ist dazu bestimmt, dass in Israel viele durch ihn zu Fall kommen und viele aufgerichtet werden, und er wird ein Zeichen sein, dem widersprochen wird. Dadurch sollen die Gedanken vieler Menschen offenbar werden. Dir selbst aber wird ein Schwert durch die Seele dringen« (Lk 2,34–35). Der Text von Kardinal Wojtyła passt ideal zu Papst Paul VI., der zu dieser Zeit ein Objekt der wachsenden ideologischen Opposition innerhalb der katholischen Kirche war. Auf diese Weise war es Wojtyła im Lauf seiner Reflexionen möglich, den Nachfolger Petri, dessen schwere Aufgabe es ist, die Brüder im Glauben zu bestärken, in Treue zu Christus zu trösten.

Einer der Theologen sagte: »Der Prediger kommt stets mit Diskretion auf dieses Thema zurück, und er macht es besonders beim Gebet in Gethsemane auf berührende Weise, wo (er) in einer Atmosphäre, die vom persönlichen Gebet geprägt ist, die Teilnehmer allmählich zu der pastoralen Reflexion über die Dramatik des Gehorsams Christi gegenüber dem Vater und gleichzeitig zu einer Reflexion über das Drama der Kirche hinführt, die – wegen der menschlichen Schwäche der Apostel im Garten Gethsemane – nicht in Solidarität mit dem einsamen Christus ausgehalten hat. Von diesem Moment an ist die Kirche ständig vom Herrn gerufen, diesen Verlust in gewisser Weise ›zurückzugewinnen‹, indem sie im Gebet ausharrt, an diesem tiefsten Punkt vereint mit dem Erlöser, der gerade begonnen hat, die Mission der Erlösung zu vollenden.«

Eine gründliche Analyse seiner gesammelten Werke ergibt die Kennzeichen des spirituellen und menschlichen Profils von Papst Johannes Paul II. als inspirierende Faktoren. Hier ist ihre Synthese:

1. Das ständige Bewusstsein von Gottes Gegenwart und die Liebe zu Gott mit ganzem Herzen.

2. Die Faszination für das Geheimnis des Menschen (vor allem die Art und Weise seiner Reifung durch Liebe) und die ungebrochene Sorge um sein Heil.

3. Ein starker Sinn für Gerechtigkeit und Sensibilität für diejenigen, denen unter sozialen Gesichtspunkten ein Unrecht zugefügt wurde, und für diejenigen, die in Gefahr sind (die ungeborenen Kinder, die Armen, die Jugend, die Kranken).

4. Offenheit zum Dialog mit jedem Menschen, Offenheit für jede begründete Kritik und jemandes wertvolle Bemühungen, verbunden mit dem ständigen Wunsch, die Wahrheit zu verkünden und zu verteidigen: die gesamte Wahrheit, ohne Reduktion, auch wenn dies schwierig ist und Protest auslöst.

5. Der Respekt für die verschiedenen Berufungen in der Kirche und eine konsequente Bereitschaft, sowohl mit den Priestern als auch mit den Laien zusammenzuarbeiten.

6. Eine wahre Barmherzigkeit, stark verwurzelt in der Heiligen Schrift und theologisch begründet: der Kult der Heiligen Dreifaltigkeit, dessen harmonische Ergänzung die Marien- und Heiligenverehrung ist.

7. Eine wahre Liebe für die Kirche, die sich sowohl durch die Genauigkeit in der Erforschung ihrer Lehre (insbesondere die Richtlinien des Zweiten Vatikanischen Konzils) zeigte,

wie auch im gewissenhaften Dienst für die Krakauer Ortskirche, bei dem bereits die Perspektive für die Aufgaben
der Weltkirche bestand.

8. Unübertrefflicher Fleiß.
9. Intellektuelle Redlichkeit, die sich in der genauen Erforschung jedes Problems und in der Anstrengung, seine Position in der verständlichsten Weise zu präsentieren, be-
merkbar machte.
10. Ein hohes kulturelles Niveau, erkennbar im Stil des Spre-
chens und Schreibens.

Man muss erwähnen, dass Johannes Paul II. sehr bescheiden
war, wenn es um seine Arbeit ging. Er bekam natürlich eine
Menge positiver Rückmeldungen, Zeichen der Bewunderung,
Komplimente; jedoch nur diejenigen, die seine päpstlichen
Mission betrafen, und sich nicht auf ihn als Mensch bezogen,
akzeptierte er. Einer der Zeugen des Seligsprechungsprozesses berichtet, dass der Papst nach der Veröffentlichung des
Buches *Gedichte von Karol Wojtyla* mit Ironie sagte: »Wenn
ich nicht Papst wäre, hätte niemand Interesse an dieser Veröffentlichung.«

Den Weg aufhellen mit dem Feuer des Gebets

Das Leben von Johannes Paul II. war eine bewundernswerte
Synthese von Gebet und Tätigkeit. Das Gebet war die Quelle
seiner Aktivitäten. Eine Person aus seinem inneren Bekannt-
tenkreis gibt an, dass Johannes Paul II. sich bewusst war, dass
»die erste Aufgabe des Papstes für die Kirche und die Welt das
Gebet ist« und dass »aus dem Gebet seine Fähigkeit kam, die
Wahrheit ohne Angst zu sagen, weil derjenige, der vor Gott allein ist, keine Angst vor den Menschen hat«.

In allen schwierigen Situationen seines Pontifikats, oder gerade in besonders kritischen historischen Momenten, widmete sich Papst Johannes Paul II. dem Gebet, um die richtige Entscheidung zu treffen. Seine Mitarbeiter erinnern sich, wie er sie nach möglichen Vorschlägen zur Lösung eines Problems fragte und sie dann, als sie keine Ideen hatten, fröhlich und vertrauensvoll ermutigte: »Wir werden die Lösung finden, wenn wir mehr gebetet haben.« Es war nichts Ungewöhnliches, dass er die Bewohner der päpstlichen Wohnung zu einem gemeinsamen Gebet in der Kapelle zusammenrief. Einmal, als die Situation besonders dramatisch war, begann der Papst laut den Psalm 51 (*Miserere*) zu rezitieren.

Als in Polen das Kriegsrecht eingeführt worden war, in der Nacht vom 12. auf den 13. Dezember 1981, rief Johannes Paul II. ein paar polnische Priester zu sich, um die Informationen, die sie hatten, mit ihm zu teilen. Einer von ihnen erinnert sich: »Jeder von uns war sehr aufgeregt, denn es gab keine Nachrichten. Wir fragten uns, was sonst noch alles passieren könne. Am Ende des Abendessens, als wir das Speisezimmer verließen, sagte der Heilige Vater mit sehr ruhiger Stimme: ›Wir müssen wirklich beten und auf ein Zeichen von Gott warten.‹ Dann folgte er seiner Gewohnheit und ging in die Kapelle, um zu beten.«

Das Gleiche tat er vor der Nominierung eines Bischofs für ein Bistum, in dem es Probleme gab und das viel Zeit beanspruchte. Noch ein paar Monate vor seinem Tod ernannte er den Erzbischof einer wichtigen Stadt. Es war eine sehr schwierige Entscheidung, weil unter den Mitgliedern der Kongregation für die Bischöfe widersprüchliche Meinungen im Umlauf waren. Als der Papst alle Informationen und Bewertungen angehört hatte, fasste er sie so zusammen: »Ich werde die heilige Messe in diesem Anliegen feiern, danach werde ich entscheiden, welchen von den zwei Kandidaten ich wähle.«

Eines Abends, während der Vorbereitung der Enzyklika *Evangelium Vitae*, die am 25. März 1995 erschien, gab es eine lebendige Diskussion unter den Gästen, von denen jeder seinen Standpunkt verteidigte. Der Papst hörte den Rednern mit großer Geduld und Verständnis für fast zwei Stunden zu, dann sagte er: »Gut, gehen Sie jetzt nach Hause, ich werde beten. Morgen werde ich Ihnen die Antwort geben.«

Abgesehen von solchen Notfällen war das Gebet die Hauptquelle, aus der Johannes Paul II. seine spirituelle Energie für den Alltag schöpfte. Sein priesterlicher Dienst wurde von einem unaufhörlichen und außergewöhnlichen Kontakt mit Gott beseelt, daher vernachlässigte er die Vorbereitungen für die Feier der Messe niemals.

Er bereitete sich dazu schon am Vorabend vor, indem er die lateinischen Vorbereitungsgebete rezitierte. Wenn er nachts aufwachte, erinnerte er sich an die Anliegen, für welche die Messe gefeiert werden sollte (jeden Mittwoch beispielsweise gedachte er der Diözese Rom). »Wenn der Heilige Vater in die Sakristei hereinkam«, erinnert sich einer der Zeremonienmeister, »kniete er nieder oder in den letzten Jahren des Pontifikats saß er auf dem Stuhl und betete in der Stille. Das Gebet dauerte zehn, fünfzehn, manchmal sogar zwanzig Minuten und man hatte den Eindruck, dass er nicht anwesend war unter uns. Irgendwann erhob er seine rechte Hand, dann näherten wir uns ihm, um ihn anzukleiden, in völliger Stille. Ich bin überzeugt, dass sich Johannes Paul II., bevor er sich an die Menschen richtete, zuallererst an Gott wandte, oder besser – mit Gott sprach. Bevor er Gott vertrat, bat er ihn, seine lebendige Verkörperung vor den Menschen sein zu dürfen. Das Gleiche passierte nach der Zeremonie: Sobald die sakralen Gewänder abgelegt worden waren, kniete er in der Sakristei nieder und begann zu beten.« Ein weiterer Zeuge erinnert sich: »Er kniete in der Privatkapelle und betete. Von Zeit zu

Zeit las er etwas von dem Zettel, der vor ihm war, und dann ließ er den Kopf herab auf die Hände: Offensichtlich betete er intensiv in dem Anliegen, das dort aufgeschrieben war. Nach einer Weile las er wieder etwas von dem gleichen Zettel und kam zurück zur Gebetshaltung. Und so fort, bis er das Gebet beendete. Dann erhob er sich, um die Gewänder anzuziehen.«

»Ich bin nicht während der heiligen Messe berührt, ich lasse es geschehen. Berührt bin ich davor oder danach«, vertraute Johannes Paul II. einmal einem Freund an. Viele Priester und Bischöfe, die die Gelegenheit hatten, mit ihm die Messe zu feiern, waren sich darüber bewusst, dass »seine Messe die Zeit der wahren Begegnung mit Christus war, der geopfert und auferstanden auf dem Altar gegenwärtig ist. Er feierte die Messe immer mit großer Frömmigkeit und Andacht. Nach der Liturgie des Wortes widmete er sich einer langen Reflexion, während dieser herrschte eine absolute Stille. Der Heilige Vater schaute niemand an, war völlig konzentriert und das Gleiche passierte nach der Kommunion am Ende der Eucharistiefeier. Eine lange Anbetung, die niemand anzustrengen schien: Man hatte das Gefühl, etwas zu erleben, das nicht von dieser Welt ist.« Ein anderer Zeuge erzählt: »Ich kam zu dem Ergebnis, dass er das eucharistische Geheimnis, das er feierte, in einer ungewöhnlichen Weise wahrnahm. Ich war besonders davon berührt, wie er das eucharistische Gebet nach der Konsekration sprach: wie er die ganze Kirche und die Welt auf seinen Schultern trug.« Nicht zufällig vertraute ein muslimischer Botschafter im Vatikan während seines Abschiedsbesuchs einem vatikanischen Freund an: »Exzellenz, was mich in den vergangenen drei Jahren, die ich mit Euch verbracht habe, am meisten beeindruckt hat, ist nicht eure geopolitische Vision, sondern wie der Papst während der öffentlichen Feierlichkeiten betet.«

Die Abstellkammer als Kapelle

»Ich bin überzeugt, dass Johannes Paul II. mit einer besonderen Gnade des Gebets gesegnet war, die ihn in einer für normale Menschen unerreichbaren Weise die Geheimnisse des Glaubens ergründen ließ«, sagt einer seiner engsten Freunde. »Viele Male habe ich sein Gesicht nach der Kontemplation und Anbetung deutlich verändert, glücklich gesehen. Während des Gebetes schien er im unaufhörlichen Gespräch mit Gott zu sein, vergleichbar zu Mose, der mit Gott von Angesicht zu Angesicht sprach. Während des Gebetes nahm der Heilige Vater nicht wahr, was um ihn herum geschah. Es schien, dass er das Gefühl für die Zeit verlor, so sehr, dass sein Sekretär ihn irgendwann aus diesem außergewöhnlichen Zustand der Konzentration herausreißen musste, weil andere Aufgaben auf ihn warteten.«

Im Kontakt mit Gott tauchte Johannes Paul II. in eine privilegierte Dimension ein, die ihn nahezu frei von der Wahrnehmung der Realität machte. Einige seiner zahlreichen mystischen Erfahrungen wird von einem Freund aus der Jugendzeit beschrieben. Es geschah Anfang der Siebzigerjahre. Eines Tages bemerkten sie, dass Wojtyła trotz seines jungen Alters bereits über zahlreiche Titel verfügte. »Später sagte ich ganz ernst, dass der Herr Jesus im Alter von dreiunddreißig Jahren schon das Problem der Heilung der Welt ›gelöst‹ habe. Wojtyła sagte dazu: ›Das war Er!‹ und vertiefte sich ins Gebet. Dies dauerte sehr lang, es wurde dunkel und spät, aber zuerst musste ich ihn aus diesem Zustand erwecken. Ich erlebte viele ähnliche Situationen. Seine Gespräch war ein direktes Gespräch mit Gott, ein Zustand der Kontemplation.«

Schon zu der Zeit, als Karol Wojtyła in der Pfarrei Niegowić arbeitete, erzählten die Bewohner des Dorfes einander, dass der junge Priester viele Nächte vor dem Allerheiligsten verbringe, und so begannen sie, seine nächtlichen Anbetungen zu beobachten, oft sahen sie ihn, wie er auf dem kalten Fußboden lag. Einer der polnischen Freunde, der in Rom arbeitete, musste den kalten Marmorboden der Privatkapelle des Papstes im Vatikan mit einer hölzernen Plattform bedecken, weil der Heilige Vater viele Stunden in der Kapelle verbrachte, auf dem Boden liegend mit ausgestreckten Armen, die das Zeichen des Kreuzes formten. Kardinal Pedro Rubiano, Erzbischof von Calì, war ein Zeuge dieses ungewöhnlichen Verhaltens. Eines Abends, während der Pastoralreise nach Kolumbien, verabschiedete sich der Papst, der müde war, und sagte, dass er sich ausruhen möchte. Eine Weile später ging der Kardinal zur Kapelle, um zu überprüfen, ob alles bereit für den nächsten Tag sei, da sah er Johannes Paul II., wie er auf dem Fußboden lag, vertieft ins Gebet.

Sogar die logistischen Hindernisse entmutigten Johannes Paul II. nicht beim Gebet, wenn er es dringend benötigte, wie auch etwas extravagante Geschehnisse bestätigen.

Im Mai 1992, vor dem Gottesdienst im Messegebiet von Pordenone, ging der Papst auf die Toilette. Jedoch nach einiger Zeit, als sich seine Rückkehr an den Ort, der für die Sakristei genutzt wurde, verzögerte, machte sich einer seiner Mitarbeiter besorgt auf die Suche, um die Situation zu klären. Durch die halboffene Tür des Badezimmers sah er Johannes Paul II. beten, er kniete und stützte sich auf das Waschbecken. Ein anderer Zeuge, öffnete während seines Aufenthalts in Castel Gandolfo zufällig die Abstellkammer und entdeckte dort den ins Gebet vertieften Papst.

Die Personen, die ihn bei einem Spaziergang oder einer Fahrt begleiteten, wussten nur zu gut, dass man ihn nach Erreichung des Ziels für ein kurzes Gespräch in Ruhe lassen musste. Wojtyła zog sich zurück, um zu meditieren, um über die Natur und die Größe Gottes zu kontemplieren. Als er dem

Heiligtum der Muttergottes in Mentorella einen privaten Besuch abstattete, stieg er acht Kilometer vor dem Heiligtum aus, um den restlichen Weg zu Fuß zu absolvieren, in der Stille, betend und meditierend.

Die Anbetung des Allerheiligsten Sakramentes bedeutete für ihn einen Moment der totalen Loslösung von der Realität, er legte sein Leben ganz in die Hände des Herrn. In Krakau ging er oft zur Kirche des heiligen Josef, auf der Poselska-Straße, wo eine ständige Anbetung stattfand. Im Vatikan versäumte er es nicht, wenn er in seiner Wohnung an der Kapelle vorbeiging, diese zu besuchen, um für einen Moment vor dem Allerheiligsten zu beten.

Während einer Reise stellte ein Nuntius in der Kapelle ein Bild Botticellis auf und fragte den Papst beim Abendessen, ob es ihm gefalle. Johannes Paul II. antwortete, dass für ihn, wenn er eine Kapelle beträte, nur der Tabernakel wichtig sei, und kein Kunstwerk aus jedem Museum der Welt könne einen höheren Wert haben. Während seines Dienstes als Präfekt des Päpstlichen Hauses warnte Dino Monduzzi, der den Papst gut kannte, die Organisatoren der Apostolischen Reisen, den Heiligen Vater auf gar keinen Fall an einer Stelle vorbeizuführen, wo sich das Allerheiligste Sakrament befände, weil der Papst dort mit Sicherheit für einen längeren Moment Halt machen würde, mit dem Ergebnis, das die Planungen des Tages ziemlich durcheinander geraten könnten.

Besonders berührend war die letzte Feier des Fronleichnamsfestes (*Corpus Domini*), das der Heilige Vater im Jahr 2004 beging. Der Papst konnte sich nicht mehr aus eigener Kraft bewegen und sein Rollstuhl wurde auf einer speziellen Plattform des Autos, das für den Umzug vorbereitet war, befestigt. Vor ihm auf dem Betschemel stand die Monstranz mit dem Heiligsten Sakrament. Kurz nach dem Start der Prozession bat Johannes Paul II. den Zeremonienmeister, ihm beim

Niederknien zu helfen, was dieser aber vorsichtig ablehnte, da es zu riskant sei angesichts des unebenen Weges, der leicht den Verlust der Stabilität des Fahrzeugs verursachen könne. Nach ein paar Minuten wiederholte der Papst: »Ich möchte niederknien.« Als Reaktion darauf wurde ihm vorgeschlagen, zu warten, bis der Straßenbelag in einem besseren Zustand sei. Einige Zeit später sagte der Heilige Vater sehr bestimmt, sogar fast schon schreiend: »Hier ist Jesus. Bitte.« Es war nicht möglich, ihm weiterhin zu widersprechen, und zwei Zeremoniare setzten ihn auf dem Betschemel. Da er aber nicht in der Lage war, das Gleichgewicht zu halten, versuchte der Papst, sich am Rand des Betschemels festzuhalten, sodass er schnell wieder in den Rollstuhl zurückgesetzt werden musste. Es war eine große Demonstration des Glaubens: Selbst als er keine Kontrolle mehr über seinen Körper hatte, blieb sein Glaube unverändert.

Das Herz seinem Land gewidmet

Der intime Dialog mit Gott, das Gebet, war für den Heiligen Vater ein Grundnahrungsmittel auch in den rituellen Formen, die den Verlauf des Tages bestimmen. Er begann den Tag gegen fünf Uhr morgens, indem er in die Kapelle ging, um zu beten. Gegen sechs Uhr kam er zurück ins Schlafzimmer, wo er in der Meditation auf die heilige Messe wartete, die um sieben Uhr begann. Der morgendliche Akt der Hingabe an das Heiligste Herz Jesu war für ihn ein Gebetsfundament: Auf einem vergilbten Blatt Papier, das er immer mit sich trug, war mit kleinen Buchstaben sein eigenes Gebet geschrieben, das mit den Worten endet: »Ganz für Dich, Heiligstes Herz Jesu.« Mittags betete er den Engel des Herrn (am Sonntag zusammen mit den Gläubigen vom Fenster des Palastes am Petersplatz aus) und mit der Komplet beendete er den Tag. »Er tat dies nicht mechanisch, denn es war klar, dass er in diesen Gebeten die Formel und die Kraft zur Durchführung seiner Aufgaben suchte«, sagt eine der Schwestern aus seiner engen Umgebung.

Die Liebe zum Gebet lernte der junge Karol durch seinen Vater, der für ihn ein starker emotionaler Bezugspunkt und während der ersten zwanzig Jahre seines Lebens ein Vorbild an Weisheit und Spiritualität war. Der Vater war es, der in Karol eine tiefe Verehrung des Heiligen Geistes bewirkte, befestigt durch das tägliche, erst vor Kurzem entdeckte Gebet, dem er bis zum letzten seiner Tage treu geblieben ist: »O Heiliger Geist, Du Liebe des Vaters und des Sohnes. Gib mir immer ein, was ich denken soll. Gib mir immer ein, was ich sagen soll und wie ich es sagen soll. Gib mir ein, was ich verschweigen soll und wie ich mich dabei verhalten soll. Gib mir ein, was ich zur Ehre Gottes, zum Wohl der Seelen und zu meiner eigenen Heiligung tun soll. Heiliger Geist, gib mir Verstand, um zu verstehen und zu erkennen; gib mir das Fassungsvermögen, um alles zu behalten. Lehre mich die Methoden und gib mir die Fähigkeit, immer wieder zu lernen. Gib mir Scharfsinn, um richtig zu deuten und zu unterscheiden. Gib mir die Gnade, wirkungsvoll zu sprechen. Heiliger Geist, gib mir Zuversicht und Treffsicherheit beim Beginn; leite und führe mich bei der Ausführung und schenke mir Vollkommenheit beim Beenden.«

Neben dem Vater hatte auch der Schneider Jan Tyranowski einen großen Einfluss auf das Leben Wojtyłas. Er gab seinem Glauben einen mystischen Impuls, indem er ihn mit den Texten des heiligen Johannes vom Kreuz und des heiligen Louis-Marie Grignion de Montfort vertraut machte. Wojtyła hegte für ihn eine große Dankbarkeit, die ihn als Papst dazu führte, einen befreundeten polnischen Priester zu bitten, die notwendigen Maßnahmen für die Eröffnung des Heiligsprechungsprozesses, der 1997 begann, zu übernehmen.

Sein Glaube war tief verwurzelt in der polnischen Volksfrömmigkeit, der er trotz seiner theologischen Vertiefung treu blieb.

Im Laufe des Jahres, dem liturgischen Zyklus folgend, liebte es Johannes Paul II., sich auf die Traditionen seiner Jugendzeit zu besinnen, er mochte besonders die Weihnachtslieder und die in Polen populären »Bitteren Klagelieder« (*Gorzkie Żale*), Hymnen aus dem 17. Jahrhundert, die an den Fastensonntagen üblich sind. Im Mai feierte er jeden Abend die Marienandacht mit der Lauretanischen Litanei, und im Juni sang er die Herz-Jesu-Litanei. Wenn er die tägliche heilige Messe auf Polnisch feierte, wurde diese von Liedern, die mit der Feier von einem bestimmten Tag oder mit der bestimmten Jahreszeit verbunden waren, begleitet. Eine Person, welche die Möglichkeit hatte, an einer der heiligen Messen teilzunehmen, weist darauf hin, dass »der Heilige Vater zahlreiche Strophen auswendig wusste und sang, während die anderen, um mitmachen zu können, die Gesangbücher benutzen mussten«.

Besonders berührt war der Papst jedes Mal, wenn die *Litanei der Polnischen Nation* und das von dem Jesuitenpater Piotr Skarga verfasste *Gebet für die Heimat* gebetet wurden: »Königin von Polen, Jungfrau aus Jasna Góra, Jungfrau aus Kalwaria, Jungfrau aus Myślenice, Jungfrau aus Rychwald, Jungfrau im Tor der Morgenröte, Mutter von allen polnischen Heiligtümern, bitte für uns. Mutter, gib Kraft all jenen, die das Leben verteidigen, die dem Leben trotz der Schwierigkeiten dienen, die beten, dass das Leben respektiert werde. Mutter der Großen Liebe, Mutter des Lebens und Unsere Hoffnung, setze dich ein für uns.«

Die Heiligen als Inspiration in der Tugendpraxis

Das Gebet und die täglichen religiösen Praktiken wurden vom Heiligen Vater auch während der Apostolischen Reisen nicht vernachlässigt. Nach einem langen Tag voll mit Zeremonien und verschiedenen Besuchen bat er den Sekretär gleich nach der Überschreitung der Schwelle der Apostolischen Nuntiatur um das Brevier und ging – wenn er in der Zeit zwischen den Treffen nicht beten konnte – sofort in die Kapelle. Wenn ein wichtiges liturgisches Fest ihn daran hinderte, den jeweiligen Tagesheiligen zu feiern, so ließ er sich dadurch nicht abhalten, sondern tat dies, sobald er dazu die Gelegenheit hatte. Tatsächlich verehrte er die Heiligen in einer besonderen Weise. Jeden Morgen, wenn er nach dem Frühstück das Refektorium verließ, küsste er auf dem Weg durch die Sakristei alle Reliquien, die auf dem Tisch neben dem Altar standen. Neben einem Stück des Kreuzes Christi befanden sich dort auch die Reliquien des heiligen Petrus, des heiligen Stanislaus, des heiligen Karl Borromäus, der heiligen Königin Hedwig, und vieler weiterer Seligen und Heiligen. Am Ende seines Lebens, als er sich nur noch im Rollstuhl bewegen konnte, wollte er zu diesen Reliquien geschoben werden, um sie zu ehren.

Mit der Absicht, den Gläubigen ein buntes Mosaik von Vorbildern zu bieten, sprach Johannes Paul II. während seines Pontifikats 482 Personen heilig und 1346 selig. In zwei großen Aktentaschen, die er im Schlafzimmer hatte, bewahrte er die Biografie jedes Einzelnen von ihnen auf, und oft las er sie, um aus diesen Biografien Inspiration bei der Tugendpraxis zu schöpfen.

Unter den Tausenden von Männern und Frauen Gottes, die er zur Ehre der Altäre erhob, war die polnische Nonne Faustina Kowalska (1905–1938), die Botschafterin der göttlichen Barmherzigkeit, vermutlich die ihm vertrauteste Person. Einen großen Teil ihres Lebens verbrachte die Schwester im Orden und starb im jungen Alter von dreiunddreißig Jahren, weshalb Karol Wojtyła keine Gelegenheit hatte, sie persönlich zu treffen. Die Seiten ihres Tagebuchs, die von ihrer Begegnung mit Jesus und der Vision der göttlichen Barmherzigkeit handeln, machten einen sehr starken Eindruck auf den jungen Bischof.

So heißt es in seiner Predigt vom 7. Juni 1997: »Die Botschaft der göttlichen Barmherzigkeit war mir immer nah und lieb. Die Geschichte hat diese Botschaft in den tragischen Erfahrungen des Zweiten Weltkrieges eingeschrieben. In diesen schwierigen Jahren war sie ein besonderer Rückhalt und eine unerschöpfliche Quelle der Hoffnung, nicht nur für die Krakauer, sondern für das ganze Volk. Es war auch meine persönliche Erfahrung, die ich auf den Stuhl Petri mitgenommen habe und die einigermaßen das Bild dieses Pontifikats mitgeformt hat.« Noch mehr symbolische Bedeutung hatte seine Äußerung vom 16. Oktober 2003, dem 25-jährigen Jubiläum des Pontifikats: »Es war notwendig, die göttliche Barmherzigkeit zu fragen, sodass ich auf die Frage: ›Akzeptierst Du?‹, vertrauensvoll antworten konnte: ›Im Gehorsam des Glaubens, vor Christus, meinem Herrn, mich der Mutter Christi und der Kirche anvertrauend, im Bewusstsein der großen Schwierigkeiten, akzeptiere ich.‹«

Ein Mitarbeiter aus der Krakauer Zeit erinnert sich: Karol Wojtyła »behauptete, dass die Liebe Gottes zu einem Menschen eine besondere Form in der Geste der Barmherzigkeit annimmt, in der Hilfe für einen Menschen, einen Sünder, einen Unglücklichen, ein Opfer von Ungerechtigkeit. Dank ihm haben wir die Notwendigkeit der tiefen Hoffnung verstanden, die aus der göttlichen Barmherzigkeit fließt und die eine bestimmte zweifache Form annehmen muss: Auf der einen Seite muss man der göttlichen Barmherzigkeit vertrauen, auf der anderen Seite muss man ein tiefes Gefühl der Verantwortung für den barmherzigen Dienst an den Brüdern und Schwestern haben.«

Als Papst widmete Johannes Paul II. seine zweite Enzyklika *Dives in misericordia* aus dem Jahre 1980 dem Thema der barmherzigen Liebe Gottes, in welcher er die wichtige Beziehung zwischen diesem Attribut Gottes und der Erlösung, die durch die Auferstehung Jesu Christi bewirkt wurde, bestätigte (dem Thema seiner ersten Enzyklika, *Redemptor Hominis* 1979). Die Tatsache, dass Johannes Paul II. am Samstagabend, dem 2. April 2005, starb, zu einem Zeitpunkt also, an dem liturgisch gesehen die Feier der göttlichen Barmherzigkeit begann (die unter Befolgung eines siebzig Jahre früher von Jesus an Schwester Faustina offenbarten Hinweises von ihm am ersten Sonntag nach Ostern eingeführt wurde), ist einer von diesen Zufällen, die man als ein Zeichen Gottes betrachten kann, als Belohnung für den »treuen Diener«.

Die Prophezeiung von Pater Pio

Das große Vertrauen in die Barmherzigkeit Gottes begleitete ein echtes Gefühl der Nächstenliebe. Am Anfang des Pontifikats bat Johannes Paul II. darum, ihm alle Briefe, die eine persönliche Gebetsbitte enthielten, zu geben, um diese Anliegen während der Feier der Eucharistie vor Gott zu bringen. Die Probleme von Familien und Einzelpersonen behandelte er wie seine eigenen persönlichen Probleme, sodass er sich auch nach dem Verlauf der einzelnen Fälle erkundigte.

Während der Generalaudienzen, als die Gruppen der Teilnehmer präsentiert wurden, betete Johannes Paul II. für jeden Einzelnen von ihnen, und oft erweckte er den Eindruck, weit entfernt von der Realität zu sein. Während der

Treffen mit großen Massen, die sich während der Pastoralreisen sammelten, bewegte er seinen Mund fast ununterbrochen im stillen Gebet, was man bei den Fernsehaufnahmen beobachten kann.

Seine liebevolle Sorge für die ganze Menschheit fand seinen symbolischen Ausdruck in einem Ereignis, das sich im Kloster von Tours ereignete, während des Frankreich-Besuchs im September 1996. Am Ende des Treffens vertraute Papst Johannes Paul II. jeder Schwester das Gebet für eine bestimmte Nation an, wodurch er alle Länder der Welt unterschied. Dabei machte einer der Zeugen folgende Beobachtung: »Es war etwas in ihm, das an das Verhalten der heiligen Teresa von Avila erinnerte: eine Angst, selbst zwar erlöst zu sein, jemand anderen aber zur ewigen Verdammnis zu hinterlassen. Er besaß Hoffnung für alle, weil er in das Wort von Christus vertraute, der, wie wir im Johannesevangelium lesen können, gesagt hat: Er wird alle zu sich ziehen.«

In diesem Zusammenhang kann man den Einfluss verstehen, den der große Mystiker des 20. Jahrhunderts, Pater Pio von Pietrelcina (1887–1968), der erste Geistliche der Geschichte mit Stigmata, auf die geistige Entwicklung Karol Wojtyłas hatte. Auf Grundlage eines unveröffentlichten Briefes, den der damalige Weihbischof von Krakau am 14. Dezember 1963 an Pater Pio schrieb und der inzwischen entdeckt und von der historischen Kommission untersucht wurde, kann man schließen, wie tief verbunden beide waren.

Der gefundene, auf Italienisch verfasste Text (der mit der Bitte um Hilfe für die pastorale Situation in Krakau endet, die bereits im ersten Kapitel erwähnt wurde) lautet wie folgt: »Hochwürdiger Pater, Sie erinnern sich wahrscheinlich, dass ich mich in der Vergangenheit schon häufiger an Sie gewandt habe, um besonders dramatische und bemerkenswerte Fälle Ihrem Gebet anzuvertrauen. Im Namen dieser Personen, einer krebskranken Frau, die als katholische Ärztin arbeitet, und dem Sohn eines Rechtsanwalts aus Krakau, der von Geburt an schwer krank ist, möchte ich mich herzlich für Ihre Gebete bedanken. Beide fühlen sich, Gott sei Dank, gut. Gestatten Sie mir, hochwürdiger Pater, ihrem Gebet dazu noch eine gelähmte Frau aus dieser Erzdiözese anzuvertrauen. Zur gleichen Zeit vertraue ich Ihrem Gebet auch die großen Schwierigkeiten meiner bescheidenen Pastoralarbeit in der gegenwärtigen Situation an. Ich möchte diese Gelegenheit nutzen, um meinen Respekt zu erneuern und Ihnen meine Liebe in Jesus Christus versichern.«

Bei der Ärztin, Wanda Półtawska, die – aus ärztlicher Sicht bestand keine Überlebenschance – durch ein Wunder vom Krebs geheilt worden war, kennt man die Details aus dem ersten Brief vom 17. November 1962, in welchem Wojtyła den Kapuziner um Heilung für diese Frau bittet, und aus dem zweiten Brief vom 28. November des nächsten Jahres, indem er schreibt, um sich zu bedanken und mitzuteilen, dass fast zum Zeitpunkt der chirurgischen Operation der Tumor verschwunden sei. Was den Fall des Anwaltssohnes und den der gelähmten Frau betrifft, die in dem gefundenen Brief genannt werden, ist nichts Weiteres bekannt. Einer der Zeugen des Seligsprechungsprozesses sagt, dass Wojtyła bereits im Jahre 1957 vorschlug, an Pater Pio einen Brief zu schreiben, um für ein schwer leidendes Familienmitglied um Gebet zu bitten.

Es war Angelo Battisti, der Verwalter des Hauses zur Linderung der Leiden und Mitarbeiter des vatikanischen Staatssekretariats, der Pater Pio den ersten Brief im Zusammenhang mit Półtawska übergab und vorlas. Der Kapuziner befand sich damals im Klostergebäude vor dem Zimmer mit der Nummer 5. Nach der Lektüre des Briefes lehnte sich Pater Pio an den linken Türrahmen und sagte zu Battisti: »Ich kann nicht Nein dazu sagen!«

Bereits früher, nämlich im Jahre 1947 machte sich der junge Wojtyła auf nach San Giovanni Rotondo, um Pater Pio zu treffen, der ihn auf recht ungewöhnliche Weise behandelte: Als er nach der Beichte in die Zelle trat, zwinkerte er mit dem Auge zu einem Seminaristen, seinem geistigen Sohn, und zeigte gleichzeitig mit dem Kopf auf den ausländischen Priester. Einige Zeit später, während eines Gesprächs über die Zukunft der Kirche, beschrieb Pater Pio dem gleichen Seminaristen einen polnischen Papst, der »ein sehr großer Menschenfischer« sein werde und auf den ein Papst folgen werde, der »die Brüder völlig überzeugen wird« (Er sah in diesem Papst Benedikt XVI. voraus).

Um die Gelegenheit zu nutzen, hatte Johannes Paul II. bei dem Kapuziner gebeichtet, worüber er am 16. Juni 2002 während der Predigt anlässlich dessen Heiligsprechung sprach: »Pater Pio war ein hochherziger Ausspender der göttlichen Gnade, indem er allen zur Verfügung stand durch die Aufnahmebereitschaft, die geistliche Führung und besonders durch die Spendung des Bußsakraments. Auch mir wurde das Privileg zuteil, in meinen Jugendjahren in den Genuss seiner Verfügbarkeit gegenüber den Beichtenden zu kommen.« Während der Beichte bemerkte er, dass der Mönch die Gabe des Seelenführers hatte; einige Zeit später fragte er ihn vertraulich, welches der Stigmata ihm die größten Schmerzen bereite. Pater Pio antwortete, dass sich die schmerzhafteste Wunde auf der Höhe der Schulter befinde, an der Stelle, wo Jesus das Kreuz auf dem Weg stützte. Keiner wusste etwas über diese Wunde. Erst nach seinem Tod fand einer seiner Mitbrüder namens Modestino sein Hemd mit einem großen Blutfleck, dort, wo die rechte Schulter ist.

Eines der außergewöhnlichsten Ereignisse wird von einem Zeugen mitgeteilt, der nach der heiligen Messe für eine Audienz in der Privatkapelle von Papst Johannes Paul II. blieb. Irgendwann während des Gespräches sah er, wie das Gesicht des Papstes zu verschwinden begann und an seiner Stelle das gütige Gesicht von Pater Pio erschien. Als der Zeuge den Papst auf dieses Phänomen hinwies, antwortete Johannes Paul II.: »Ich sehe es auch.«

Im »Gespräch« mit Maria

Man darf annehmen, dass Johannes Paul II. eine außergewöhnliche Gabe besaß, übernatürliche Dinge wahrzunehmen. Eines der Mitglieder aus seinem engsten Kreis fragte ihn bei einem Gespräch über Marienerscheinungen, ob er die Jungfrau Maria je persönlich gesehen habe. Der Papst antwortete: »Nein, ich habe Maria nicht gesehen, aber ich höre sie.«

Die »Beziehung« zwischen Karol und Maria begann bereits in den ersten Stunden seines Lebens: nämlich schon zum Zeitpunkt der Geburt, am 18. Mai 1920, als seine Mutter die Hebamme bat, das Fenster zu öffnen, sodass die ersten Schreie des Neugeborenen sich mit dem Gesang zu Ehren Marias verbinden konnten, der aus der nahe gelegenen Kirchengemeinde herüberwehte, wo eine Abendandacht gefeiert wurde.

Vom Jahre 1933 an war er in einer Gruppe von Kandidaten für den Marianischen Jugendverband (Sodalicja Mariańska), bei dem er 1935 im Alter von 15 Jahren schließlich angenommen wurde. Anschließend wurde er zum Präsidenten des Marianischen Jugendverbandes beim Marcin-Wadowita-Gymnasium in Wadowice gewählt.

Von diesem Zeitpunkt an machte Wojtyła seine Zugehörigkeit zu Maria deutlich, zum Beispiel hatte er die Angewohnheit, während des Tages den Rosenkranz um die Hand gewickelt zu tragen, abends zog er ihn dann ab und legte ihn auf die Kommode neben dem Bett. Um den Hals trug er das Skapulier (auch während des Attentats im Jahr 1981, bei dem es mit seinem Blut befleckt wurde, und sogar im Operationssaal wollte er es nicht ablegen). Seine marianische Frömmigkeit war auch während des Studiums am belgischen Kolleg Mitte der 1940er-Jahre deutlich, wenn er zum kurzen Gebet vor römischen Votivkapellen mit Bildern oder Reliefs Marias verharrte. Sie inspirierte ihn auch dazu, während der Feier der Unbefleckten Empfängnis im Jahr 1981 an der Wand des Apostolischen Palastes ein Mosaik anbringen zu lassen, das Maria, die *Mater Ecclesiae* (Mutter der Kirche), darstellt, die sich hinauslehnt in Richtung Petersplatz – so kann man unter den vielen Figuren der Apostel und Heiligen, die seit Jahrhunderten die Vatikanische Basilika schmücken, endlich auch die Gottesmutter finden.

Kardinal Deskur erinnert daran, dass zu der Zeit, als Wojtyła zum Erzbischof von Krakau ernannt wurde, das Priesterseminar der Erzdiözese fast leer war, weshalb sich Wojtyła entschloss, der Gottesmutter ein Versprechen zu machen: »Ich werde so viele Fußwallfahrten zu Deinen Heiligtümern machen, zu den großen und weniger großen, zu den nahen und weit entfernten, wie Du mir jährlich Berufungen schenken wirst.« So begann sich das Seminar zu füllen, und als der Erzbischof Krakau verließ, um den Stuhl Petri zu besteigen, gab es in Krakau fast fünfhundert Seminaristen. Es war auch wegen dieses heiligen Versprechens, das Johannes Paul II. Maria gemacht hatte, dass er während einer Pastoralreise stets verlangte, einen Besuch in mindestens einem marianischen Wallfahrtsort machen zu dürfen. Um für die Probleme des Bistums Krakau zu beten, ging er zu Fuß über die schmutzigen und schneebedeckten Pfade zum nahe gelegenen Heiligtum Kalwaria Zebrzydowska, bis sein Fahrer die Gewohnheit annahm, im Auto immer ein paar Gummistiefel zu haben. Nach dem »Gespräch« mit der Unbefleckt Empfangenen, der Immaculata, so erklärte der Erzbischof damals, gebe es für jede Schwierigkeit eine Lösung.

Ein weiterer Marienwallfahrtsort, der Wojtyła sehr am Herzen lag, war Jasna Góra in Tschenstochau. Ein italienischer Zeuge, der ihn während seiner letzten Reise nach Polen begleitete, erinnert sich: »Die Kapelle der Madonna ist sehr klein. Auf der Suche nach einem Platz, um zu knien, sah ich im letzten Moment, dass ich in solcher Nähe zum Heiligen Vater war, dass ich ihn fast berührte. Er betete. Und irgendwann begann er, fast mit ganzer Stimme zu beten. Ich weiß nicht, was sie einander sagten. Aber es war ein außergewöhnliches Gespräch! Es schien nie aufzuhören! Dieses Treffen mit der »Mama« warf das gesamte Programm der Reise um. Was ich von dieser Reise mitnahm, war dieses Gespräch. Ohne, dass ich auch nur ein Wort verstand. Oder vielleicht, weil ich doch alles verstand!«

Die Intensität und Konzentration, mit der Johannes Paul II. sich an Maria wandte, verliehen dem Papst in den Augen von jedem, der ihn dabei sah, eine fast übernatürliche Aura. Einer seiner Gäste während der Sommerferien in Castel Gandolfo sagt, dass, nachdem er mit dem Papst den üblichen Rosenkranz im Garten gebetet hatte, »Johannes Paul II. zur Marienstatue von Lourdes ging und mich bat, ihn allein zu lassen. Ich tat es, aber ohne ihn aus den Augen zu verlieren. Er zog sich für ein mindestens halbstündiges Gebet zurück, und man konnte den Eindruck gewinnen, dass seine Gestalt sich physisch veränderte.« Der Rosenkranz war, wie er oft sagte, sein Lieblingsgebet: »Unser Herz kann in all diesen Geheimnissen des Rosenkranzes alle Ereignisse entdecken, die das Leben des Einzelnen, der Familie, der Nation, der Kirche und der Menschheit ausmachen. Auf diese Weise gibt das einfache Rosenkranzgebet den Rhythmus des menschlichen Lebens wieder.«

»Nach einem Gespräch mit dem Papst«, sagt ein anderer Zeuge, »hatte ich das Glück oder tatsächlich könnte man sagen – das Geschenk, dass ich ihn zu mir sagen hörte: Wir gehen, um den Rosenkranz zu beten, warum kommen Sie nicht mit? Wir sprachen ihn auf der Terrasse seiner Wohnung und dann verstand ich den gesamten Wert des Rosenkranzes: Es war der Moment des Wachens über die Diözese, über die ganze Kirche, die Welt, die Leidenden. ›Schau!‹, sagte er zu mir zwischen dem einen und dem anderen Geheimnis und zeigte auf die verschiedenen Gebäude des Vatikans und Roms. An einem Punkt hat er mich sehr beeindruckt, nämlich als er sagte: ›Das Gebäude dort ist dein Haus!‹ und nach einer Weile schaute er wieder auf die Stadt. Er sah alles, er wusste alles. ›Rom, ich kenne es besser …‹, sagte er mit einem Lächeln.«

»Wenn ich nicht der Papst wäre, wäre ich schon in Medjugorje, um die Beichte zu hören«

Seine Liebe zu Maria wuchs immer weiter und steigerte sich sogar noch nach der Veröffentlichung des dritten Geheimnisses von Fatima, welches das Attentat von 1981 voraussagte. Mit diesem dramatischen Ereignis verband er, wie Quellen außerhalb des Prozesses bestätigen, auch die Offenbarungen der Königin des Friedens in Medjugorje, im ehemaligen Jugoslawien, die Ende Juni des gleichen Jahres begannen. Die Beziehung zwischen diesen Ereignissen bestätigte für diejenigen, die daran glauben, die Botschaft vom 25. August 1994 zu einem Zeitraum, als die Vorbereitungen für die Pastoralreise des Papstes am 10. und 11. September nach Kroatien auf Hochdruck liefen. »Liebe Kinder! Heute bin ich auf besondere Weise mit euch vereint und bete für das Geschenk der Anwesenheit meines geliebten Sohnes in eurer Heimat. Betet, meine lieben Kinder, für die Gesundheit meines viel geliebten Sohnes, der leidet, den ich aber für diese Zeiten auserwählt habe.«

Obwohl er seinen Standpunkt zu diesen Erscheinungen offiziell nie präsentierte, versteckte der Papst im Privatleben seine Anschauung nicht. Dem Erzbischof von Florianopolis (Brasilien), Murilo Sebastião Ramos Krieger, der zum vierten Mal für eine Wallfahrt zum Heiligtum der Königin des Friedens ging, sagte er: »Medjugorje ist das spirituelle Zentrum der Welt!« Im Jahr 1987 vertraute Johannes Paul II. während eines kurzen Gesprächs mit einem der »Seher«, Mirjana Dragicevic, an: »Wenn ich nicht der Papst wäre, wäre ich schon in Medjugorije, um dort die Beichte zu hören.« Dieser Vorsatz wurde von Kardinal František Tomášek, dem emeritierten Erzbischof von Prag, bestätigt, der den Heiligen Vater ebenfalls sagen hörte, dass er, wenn er nicht Papst wäre, nach Medjugorje fahren würde, um seine Hilfe bei der Betreuung der Pilger anzubieten.

Auch der Bischof von San Angelo (Vereinigte Staaten), Michael David Pfeifer, konnte diese Worte bezeugen, als er in seinem diözesanen Pastoralbrief vom 5. August 1988 schrieb: »Beim *Ad-Limina*-Besuch der texanischen Bischöfe habe ich während eines privaten Gesprächs den Heiligen Vater gefragt, was er über Medjugorje denke. Der Papst äußerte sich sehr wohlwollend, indem er zu bedenken gab: ›Wenn man sagt, dass in Medjugorje nichts passiert, so wäre dies eine Negation des lebendigen und von Gebet erfüllten Zeugnisses Tausender von Menschen, die dort waren.‹«

Am 26. März 1984 kam es, wie der slowakische Erzbischof Pavel Hnilička berichtet, im engsten Kreis von Prälaten zu folgendem Ereignis. Der Erzbischof war bei Johannes Paul II. zum Mittagessen, um von seiner geheimen Mission nach Moskau zu berichten – ein Geheimgottesdienst im Kreml. Da hörte Hnilička die Frage: »Pavel, bist Du denn nicht nach Medjugorje gefahren?« Als er verneinte und sich mit der gespaltenen Meinung der vatikanischen Behörden zu diesem Thema rechtfertigte, sagte ihm der Papst: »Geh inkognito dorthin und nach der Rückkehr sag mir alles, was du gesehen hast.« Anschließend führte er ihn zu seiner Privatbibliothek und zeigte ihm das Buch von Pater René Laurentin, in dem einige der Botschaften der Königin des Friedens zitiert werden, und sagte dann: »Medjugorje ist die Fortsetzung von Fatima, es ist die Realisierung von Fatima.«

Nach dem Tod von Johannes Paul II. übergab ein mit dem Papst befreundetes Ehepaar, Marek und Zofia Skwarnicki, Briefe des Papstes, die reich an genauen Hinweisen zu Medjugorje sind. Am 28. Mai 1992 schrieb der Papst an die Ehegatten: »Und jetzt kehren wir jeden Tag im Gebet zurück nach Medjugorje.« Als er im selben Jahr, in einem Brief vom 8. Dezember, Weihnachtsgrüße aussprach, schrieb er auf der Rückseite des Blattes: »Vielen Dank, Zofia, für alles, was mit Medjugorje zu tun hat. Ich gehe dort jeden Tag im Gebet hin: Ich verbinde mich mit jeder Person, die dort betet und die dort einen Aufruf zum Gebet erhält. Heute verstehen wir diesen Aufruf besser.«

Im Zeichen des Leidens

Die sichtbare mystische Neigung von Papst Johannes Paul II. fand ihren vollen Ausdruck in der Weise, in der er das Leiden erlebte und verstand – als eine Form der Buße für die Sünden und als sein eigenes Geschenk an die Menschheit. Eindrücklich betonen dies die Worte, die von ihm im Zusammenhang mit der Blinddarmoperation 1996 gesprochen wurden: »In diesen Tagen der Krankheit habe ich den Wert des Dienstes, zu dem der Herr mich als Priester, Bischof und Nachfolger Petri berufen hat, noch besser verstanden: Er erfüllt sich auch durch das Geschenk des Leidens.« In der Tat, schon wenige Jahre zuvor, am 29. Mai 1994, nach seiner Rückkehr in den Vatikan aus dem Krankenhaus, in das er infolge eines Oberschenkelbruchs eingeliefert worden war, erklärte er seinen Schmerz wie folgt: »Ich möchte für dieses Geschenk danken. Ich habe verstanden, dass dies ein notwendiges Geschenk war. Der Papst musste vier Wochen, vier Sonntage lang an diesem Fenster fehlen, er musste leiden: So wie er vor dreizehn Jahren leiden musste, so auch in diesem Jahr.«

Sein Pontifikat war ein wahres Pontifikat im Zeichen des Leidens. Am Anfang stand der dramatische 13. Mai 1981, nach welchem Johannes Paul II. 164 Tage in der Gemelli-Klinik verbringen musste, dem »Vatikan Nummer drei«, nach Petersplatz und Castel Gandolfo, wie er selbst ironisch sagte. Die ersten 22 Tage nach dem Attentat verbrachte er im Krankenhaus, dann im selben Jahr zwischen Juni und August 56 weitere Tage als Folge einer Infektion, die durch den Humanen-Zytomegalie-Virus und die Notwendigkeit, eine weitere Operation durchzuführen, verursacht wurden. Die nächsten vier Krankenhausaufenthalte erfolgten nach etwa zehn Jahren: 15 Tage im Jahr 1992, um einen gutartigen Tumor des Darms zu entfernen; 2 Tage im Jahr 1993 als Folge der Verrenkung des rechten Schultergelenkes, die ihn zwang, einen Monat lang einen Verband zu tragen; 30 Tage im Jahr 1994 aufgrund eines Falls im Bad und Bruchs des Oberschenkels; 10 Tage im Jahr 1996 wegen der Blinddarmoperation. Die beiden letzten Krankenhausaufenthalte mit einer Zeit von 28 Tagen zwischen Februar und März 2005 waren notwendig aufgrund der Störungen der Atmung durch eine akuten Entzündung des Kehlkopfes und der Luftröhre und die Notwendigkeit, eine Tracheotomie durchzuführen.

Jedes physische Problem war für ihn eine Gelegenheit zur persönlichen Meditation. »Ich frage mich, was mir Gott durch diese Krankheit sagen will«, antwortete er einem der Ärzte, der ihn gefragt hatte, wie es ihm ginge. Jedoch mehr als die Bedeutung seines eigenen Leidens war das menschliche Leid im Allgemeinen das Vorzugsthema der Reflexionen des Papstes, dem er im Februar 1984 den Apostolischen Brief *Salvifici doloris* widmete. Als Beweis für den Wert des Leidens wies der Papst auf die gleiche menschliche Erfahrung Christi während seines irdischen Daseins hin. In anderen Dokumenten schrieb er: »Das Kommen Christi auf die Erde und all die Freude, die er der Menschheit bringt, sind untrennbar mit dem Leiden verbunden.« In Christus »nimmt das Leiden ein neues Licht an, das es aus der gewöhnlichen, negativen Passivität zu einer positiven Kraft im Werk der Erlösung erhebt«. In der Dimension des Evangeliums ist »das Leiden keine vergebliche Energie, weil es durch die Liebe Gottes verwandelt worden ist«.

Die Bedeutung der eigenen theologischen Reflexionen im Zusammenhang mit diesem Thema ist nicht zu unterschätzen; ein Geständnis, das er einem Freund machte, drückt sein volles Bewusstsein über den unverhältnismäßig hohen Wert aus, den er dem persönlich erlittenen Leiden zuschrieb. »Ich habe viele Enzykliken und apostolische Briefe geschrieben, aber ich merke, dass ich durch mein Leiden der Menschheit noch mehr helfen kann. Bitte bedenke den Wert des Schmerzes, den man erlebt und aus Liebe opfert …« Während einer Zeremonie im Petersdom bemerkte einer der Teilnehmer auf dem Gesicht des Papstes die Spuren des Schmerzes und fragte: »Kann ich Ihnen helfen, Eure Heiligkeit? Vielleicht tut Ihnen etwas weh?« Der Papst antwortete: »Jetzt tut mir alles weh, aber es muss so sein.«

Dem Leiden einen Sinn zu geben, bedeutete für den Papst nicht, den Kampf gegen das Leiden aufzugeben oder auf die Hilfe für Leidende zu verzichten. Auch wenn »das Kreuz der erste Buchstabe des Alphabets Gottes ist«, bedeutet dies nicht – wie er behauptete –, dass sich die christliche Dimension des

Leidens »nur auf seine tiefe Bedeutung sowie auf seine erlösende Natur beschränkt«. Der Schmerz muss vielmehr »die Solidarität, die völlige Hingabe und Großzügigkeit in denjenigen fördern, die leiden, und in denjenigen, die berufen sind, sich um diese zu kümmern und ihnen im Leiden zu helfen«. Dies war der an jeden Menschen gerichtete Appell, weil »keine Institution das Herz des Menschen, das menschliche Mitgefühl ersetzen kann, angesichts des körperlichen Leidens«. Aus diesem Grund wurde auf seine Initiative hin im Jahr 1992 der Welttag der Kranken eingeführt, der jedes Jahr am 11. Februar während des Gedenktages Unserer Lieben Frau in Lourdes gefeiert wird und eine Gelegenheit bietet, über den Schmerz nachzudenken und sich mit den Leidenden zu solidarisieren.

Der Kreuzweg (Via Crucis) im Flur

Wenn keine Krankheit ihm die Möglichkeit gab, den Schmerz zu erleben, lieferte er seinen Körper selbst Unannehmlichkeiten und Kasteiungen aus. Neben den festen Perioden des Fastens, die er sehr streng befolgte, vor allem während der Fastenzeit, als er die Zahl der konsumierten Mahlzeiten auf eine pro Tag begrenzte, verzichtete er auch auf das Essen vor der Priester- und Bischofsweihe. Oft verbrachte er die Nacht auf dem nackten Boden liegend, was die Haushälterin im bischöflichen Palast in Krakau bemerkte, obwohl der Erzbischof versuchte, das Bett so zu machen, dass sie denke, dass er dort geschlafen habe. Er beschränkte sich jedoch nicht nur auf diese Praktiken. Einige Mitglieder seiner engsten Umwelt hörten sowohl in Polen aber auch im Vatikan, wie Karol Wojtyła sich peitschte. In seinem Schrank hing neben den Soutanen auf einem Kleiderbügel ein spezieller Gürtel, den er als Geißel verwendete und den er immer mitnahm, auch nach Castel Gandolfo.

Diese Praxis drückte nicht den Wunsch Wojtyłas aus, seinen Körper zu bestrafen, denn der Körper ist ein Gottesgeschenk, vielmehr griff er eine alte christliche Tradition auf; vor allem der Askese der Karmeliter (die gewöhnlich das *Miserere* mit ausgestreckten, zum Zeichen des Kreuzes geformten Armen beten und sich selbst mit dem Gürtel ihrer religiösen Kutte schlagen) blieb er sein ganzes Leben lang treu. Kardinal Carlo Maria Martini schrieb als Kommentar zu dieser Information, dass »die Askese geringfügige Strafen betraf, die dem Körper keinen Schaden zufügten; daher kann man nicht von irgendeiner Selbstverstümmelung oder Masochismus sprechen«.

»Jetzt freue ich mich in den Leiden, die ich für euch ertrage. Für den Leib Christi, die Kirche, ergänze ich in meinem irdischen Leben das, was an den Leiden Christi noch fehlt«, schrieb Paulus in seinem Brief an die Kolosser (1,24). Karol Wojtyła machte aus diesen Worten die Grundlage für sein Glaubenszeugnis. Als er sehr litt, zum Beispiel in der Zeit nach der Operation, sagte er: »Man muss die Menge des Leidens, das Jesus Christus erlebt hat, ausgleichen.« Das Gleiche wiederholte er während sehr schwerer Momente seiner Krankheit, wenn er Durst hatte, aber man ihm nichts zu trinken geben konnte.

Der Kalvarienberg Christi, in dessen Licht er sein Leiden interpretierte, wurde vom Papst symbolisch an jedem Freitag durch die Praxis der *Via Crucis*, das Gehen des Kreuzweges, erneuert. Im Vatikan betete der Heilige Vater ihn in seiner Privatkapelle oder auf der Terrasse, die sich oberhalb der Päpstlichen Wohnung befindet und dadurch in eine wirkliche Kapelle unter freiem Himmel, geschmückt mit vielen Pflanzen, verwandelt wurde. In der Kapelle in Castel Gandolfo war kein Kreuzweg, also ging der Papst in den Sommerferien heimlich jeden Freitag, um zu beten, vor den vierzehn Lithografien mit der Darstellung der *Via Crucis* entlang, die er per Zufall in dem meist unbenutzten Flur neben dem Esszimmer entdeckt hatte.

Während einer Pastoralreise bemerkte einer der Personen, die ihn begleitete, wie sehr der Papst dieser religiösen Praxis treu war. »Wir flogen in einem Hubschrauber von Jerusalem nach Galiläa, und es war Freitag. Ich bemerkte, dass der Papst nicht durchs Fenster schaute, aber in seiner Hand ein Buch ohne Deckel hielt. Er las davon eine Seite und fing an zu beten, dann las er die nächste Seite und wieder betete er. Ich schaute ihn an und erkannte, dass er den Kreuzweg betete, weil an diesem Tag ein sehr dichtes Programm auf ihn wartete und er fürchtete, dass er nicht in der üblichen Weise in der Kapelle dazu kommen könne.«

Er blieb diesem Gebet bis zum Ende treu. Am Tag vor seinem Tod, dem 1. April 2005, versuchte er um 10 Uhr morgens herum, den Menschen, die neben seinem Bett standen, etwas zu sagen, aber sie konnten nichts verstehen. Das sehr hohe Fieber und große Atemprobleme waren die Ursache dafür, dass er kein einziges Wort mehr aussprechen konnte. Man gab ihm also ein Blatt Papier und einen Bleistift und der Papst schrieb, dass Freitag sei, weshalb er den Kreuzweg beten wolle. Eine der Schwestern begann vorzulesen, und er machte, nicht ohne Anstrengung, das Zeichen des Kreuzes, sobald eine weitere Station begann.

ZUR VEREHRUNG DER WAHRHEIT

Am 2. April 2005 war ich zusammen mit Tausenden von anderen Gläubigen auf dem Petersplatz. Als sich um 21.37 Uhr die Nachricht über den Tod von Johannes Paul II. verbreitete, fühlte ich in mir den Wunsch aufsteigen, laut zu schreien: »Ein Heiliger ist gestorben«, wie es am Ende des achtzehnten Jahrhunderts römische Kinder, die nach dem Tod von Benoît Joseph Labre durch die Straßen der Stadt liefen, gemacht haben. Tief in mir dachte ich, dass vielleicht, wenn dieser Aufruf im Chor wiederholt werden würde, wenn alle versammelten Gläubigen sich meiner Schreie anschließen würden, man die Heiligsprechung bereits offen proklamieren könne. Das erleuchtete Zeugnis des Glaubens, das Papst Johannes Paul II. all die Jahre hindurch gab, der Besitz und die Praxis der Tugenden auf höchstem Niveau, die Entscheidung, das Kreuz des Leidens auf seinen Schultern bis zum Ende seiner Tage zu tragen, die fürsorgliche Liebe zum anderen, waren in den Augen vieler seine relevanten Merkmale, als Mensch und als Hirte, Gründe, die dafür sprachen, ihn sofort zu den Heiligen zu zählen.

Ich stand still, was ich später ein wenig bedauerte. Ich bin jedoch überzeugt davon, dass der Seligsprechungsprozess nützlich war: Es war etwas anderes als eine bürokratische Prüfung der Existenz von Johannes Paul II., etwas anderes als eine trockene »Aufzählung« seiner Verdienste mit dem kalten Blick des Forschers. Im Gegenteil, der Prozess erlaubte, die Intensität und die Vitalität all der bekannten Aspekte des Lebens von Johannes Paul II. wiederherzustellen, sie mit bislang unbekannten Episoden, gegeben von Personen, die sie in ihrem Gedächtnis bewahrt haben, zu bereichern.

Viele Menschen wurden durch das Edikt, veröffentlicht von Kardinal Camillo Ruini am 18. Mai 2005, dem Tag also, an dem der Heilige Vater fünfundachtzig Jahre alt geworden wäre, berührt. Der Vikar der Diözese Rom rief die Gläubigen auf, »alle Informationen, die Elemente für oder gegen die Heiligkeit des Dieners Gottes enthalten können, direkt mitzuteilen oder dem Diözesangericht des Vikariats Rom zu übergeben« und »alle Schriften des Dieners Gottes dem genannten Gericht unverzüglich zu überreichen«. Dann, am 28. Juni des gleichen Jahres, am Vorabend des Festes der heiligen Petrus und Paulus, begann in Rom eine diözesane Untersuchung des Lebens, der Tugenden und des Rufs der Heiligkeit vom Papst Johannes Paul II. Ein paar Monate später bat der neue Erzbischof von Krakau, Kardinal Stanisław Dziwisz, in gleicher Weise die polnischen Gläubigen, ihm Zeugnisse mitzuteilen. Der Seligsprechungsprozess in der Erzdiözese Krakau wurde am 4. November, dem Gedenktag des heiligen Karl Borromäus, also am Namenstag des Papstes, eröffnet. Dem Prozess in Rom und in Krakau schloss sich ein Prozess in New York an, um Zeugnisse von Personen aus den Vereinigten Staaten zu bekommen.

Insgesamt wurden 114 Personen interviewt: 35 Kardinäle, 20 Erzbischöfe und Bischöfe, 11 Priester, 5 Mönche, 3 Nonnen, 36 katholische Laien, 3 Nichtkatholiken und ein Jude. Ihre Erklärungen, zusammen mit anderen Dokumenten und Schriften, füllen Tausende von Seiten der so genannten *Copia pubblica*, auf deren Grundlage vier Bände der *Positio* vorbereitet wurden. Überzeugende Zahlen. Zu den gesammelten Aussagen im Sitz des Diözesangerichts schlossen sich schrittweise diejenigen an, die in zahlreichen Briefen von Gläubigen an die Postulatur geschickt wurden. Viele von ihnen, besonders diejenigen, die in der Zeit unmittelbar nach dem Tod von Johannes Paul II. verfasst wurden, drücken Dankbarkeit an Gott für das Geschenk dieses großen Papstes aus. Andere enthalten berührende Zeugnisse von erhaltenen Gnaden sowie Fälle der geistigen oder körperlichen Heilung durch die Fürsprache von Papst Johannes Paul II.

Die Sammlung und die Erforschung dieses Materials sowie die Anhörung der Zeugen in dem Prozess war für meine Mitarbeiter und mich eine sehr absorbierende, aber ohne Zweifel notwendige Arbeit. Sie erlaubte es, den Ruf der Heiligkeit von Johannes Paul II. zu bestätigen, und somit einen wertvollen Beitrag zur Wahrheit zu leisten. Heute scheint diese einzigartige Wahrheit mit vollem Glanz durch die Stimmen derjenigen, die zu ihrer Gesamtentdeckung beigetragen haben.

S. O.

Für weitere Informationen und um Treffen rund um das Thema zu organisieren, kann man die Autoren kontaktieren unter den folgenden E-Mail-Adressen:
papa-gp2@virgilio.it und papa-gp2@libero.it.

CHRONOLOGIE DES LEBENS VON KAROL WOJTYŁA – PAPST JOHANNES PAUL II.

Geboren am 18. Mai 1920 in der polnischen Stadt Wadowice (in der Nähe von Krakau), Sohn des vierzigjährigen Offiziers Karol Józef Wojtyła und der sechsunddreißigjährigen Hausfrau Emilia Kaczorowska. Er hat einen Bruder, Edmund, der vierzehn Jahre älter ist, und eine Schwester namens Olga, die sechs Jahre vor seiner Geburt als Kind starb. Einen Monat nach seiner Geburt, am 20. Juni, wird er getauft. Ab dem 15. September 1926 besucht er die Grundschule. Am 13. April 1929 stirbt aufgrund von Herzproblemen seine Mutter und am 5. Dezember 1932 stirbt sein Bruder, der als Arzt arbeitet, als Opfer einer Scharlachepidemie.

Am 3. Mai 1938 wird er gefirmt, und im selben Monat legt er die Abiturprüfung ab. Am 22. Juni desselben Jahres schreibt er sich zum Studium der Philosophie an der Jagiellonen-Universität ein und zieht mit seinem Vater nach Krakau. Im Februar 1940 trifft er Jan Tyranowski, der ihn in die Gruppe »Lebendiger Rosenkranz« einlädt und in die Lehre der Mystiker einführt. Am 1. November des gleichen Jahres beginnt er die Arbeit im Steinbruch in Zakrzówek, um der Deportation nach Deutschland (die Nazis haben Polen seit einem Jahr besetzt) zu entkommen.

Am 18. Februar 1941 stirbt der Vater. Im August hat Karol die Familie von Mieczysław Kotlarczyk, dem Gründer des Theaters des Lebendigen Wortes, zu Gast. Im Frühjahr 1942 wird er in die Solvay Fabrik versetzt, und ab Oktober besucht er als Seminarist die von der theologischen Fakultät der Jagiellonen-Universität heimlich organisierten Studienkurse. Im März 1943 tritt er das letzte Mal auf der Bühne des Theaters auf als Protagonist des Stücks *Samuel Zborowski* von Juliusz Słowacki. Am 29. Februar 1944 kommt er, nachdem er von einem Lastwagen angefahren wurde, ins Krankenhaus. Im August versetzt ihn Erzbischof Sapieha zusammen mit anderen Geheimseminaristen in den bischöflichen Palast in Krakau.

Am 1. November 1946 wird er in der Privatkapelle von Kardinal Sapieha zum Priester geweiht. Am 15. November geht er nach Rom, um seine theologischen Studien am Angelicum (Päpstliche Universität des heiligen Thomas von Aquin) fortzusetzen. Am 3. Juli 1947 erwirbt er das Lizenziat der Theologie. Während des Sommerurlaubs macht er eine Reise nach Frankreich, Belgien und den Niederlanden. Am 19. Juni 1948 promoviert er sich mit der Doktorarbeit *Die Glaubenslehre beim heiligen Johannes vom Kreuz*. Ein paar Wochen später kommt er zurück nach Krakau. Am 8. Juli wird er Assistent des Pfarrers in Niegowić. Am 16. Dezember überprüft die Jagiellonen-Universität seinen akademischen Doktortitel der Theologie.

Im August 1949 wird er zum Assistenten der Pfarrei des heiligen Florian in Krakau ernannt. Am 1. September 1951 gewährt ihm der Erzbischof von Krakau, Eugeniusz Baziak, einen zweijährigen wissenschaftlichen Urlaub, um seine Habilitation vorzubereiten. Im Oktober 1953 beginnt er im Fachbereich Theologie katholische Sozialethik an der Jagiellonen-Universität zu lehren. Im Dezember wird seine Habilitation angenommen. Ab 1954 lehrt er im Priesterseminar in Krakau und an der katholischen Universität Lublin. Am 15. November 1957 erhält er von der Zentralen Eignungskommission den Titel eines freien Dozenten.

Am 4. Juli 1958 wird er zum Weihbischof von Krakau ernannt und am 28. September findet die Bischofsweihe statt. Im Jahr 1960 veröffentlicht er das Buch *Liebe und Verantwortung*. Nach dem Tod von Erzbischof Baziak wird er am 16. Juli 1962 zum Kapitularvikar gewählt. Am 5. Oktober geht er nach Rom, wo er vom 11. Oktober bis zum 8. Dezember an der ersten Sitzung des Zweiten Vatikanischen Konzils teilnimmt. Vom 6. Oktober bis zum 4. Dezember 1963 nimmt er an der zweiten Sitzung des Zweiten Vatikanischen Konzils in Rom teil. Von 5. bis zum 15. Dezember reist er mit einer Wallfahrt ins Heilige Land. Am 30. Dezember 1963 wird er zum Erzbischof von Krakau nominiert.

Am 13. Januar 1964 wird die offizielle päpstliche Bulle veröffentlicht, welche die Nominierung von Wojtyła zum Metropolit von Krakau enthält.

Am 8. März übernimmt er in der Kathedrale auf dem Wawel-Hügel feierlich das Amt. Vom 14. September bis 21. November 1964 nimmt er an der dritten Sitzung des Zweiten Vatikanischen Konzils teil, dann unternimmt er wieder eine Wallfahrt ins Heilige Land. Vom 14. September bis zum 8. Dezember 1965 nimmt er in Rom an der vierten Sitzung des Zweiten Vatikanischen Konzils teil. Vom 13. bis 20. April 1967 nimmt er in Rom an der ersten Sitzung der Kommission für das Apostolat der Laien teil.

Am 28. Juni desselben Jahres erhält er von Paul VI. den Titel eines Kardinals. Vom 11. bis 26. Oktober 1969 nimmt er an der ersten Außerordentlichen Generalversammlung der Bischofssynode in Rom teil. Im selben Jahr erscheint sein nächstes Buch *Person und Tat*. Am 8. Mai 1972 wird die Synode der Erzdiözese Krakau eröffnet. Am Ende des Jahres veröffentlicht er das Buch *Über die Grundlagen der Erneuerung. Eine Studie über die Umsetzung des Zweiten Vatikanischen Konzils*. Vom 2. bis 9. März 1973 nimmt er am Eucharistischen Kongress in Australien teil; aus diesem Anlass unternimmt er eine Reise zu den Philippinen und nach Neuguinea. Im Mai reist er nach Belgien und im November nach Frankreich.

Vom 27. September bis zum 26. Oktober 1974 nimmt er an der dritten Ordentlichen Generalversammlung der Bischofssynode in Rom teil, während der er die Funktion des Berichterstatters für den doktrinären Teil ausübt. Vom 3. bis 8. März 1975 nimmt er an der ersten Tagung des Ratssekretariats der Synode der Bischöfe in Rom teil. Im September geht er auf eine Pastoralreise in die DDR. Vom 7. bis 13. März 1976 führt er im Vatikan die Exerzitien für Paul VI. durch. (Der deutsche Text der Exerzitien erschien unter dem Titel: *Zeichen des Widerspruchs*). Vom 23. Juli bis 5. September des gleichen Jahres fliegt er in die USA und nach Kanada, wo er an verschiedenen Konferenzen teilnimmt.

Vom 11. August bis 3. September 1978 hält er sich in Rom auf und nimmt an den Beerdigungszeremonien von Paul VI., an dem Konklave und an den Feierlichkeiten im Zusammenhang mit der Wahl des neuen Papstes

Johannes Paul I. teil. Am 3. Oktober ist er wieder in Rom für die Beerdigungszeremonien des Papstes Johannes Paul I. Am 14. Oktober beginnt das nächste Konklave, und am 16. Oktober wird er gegen 17.15 Uhr zum Papst gewählt, er nimmt den Namen Johannes Paul II. an. Am 22. Oktober feiert er den festlichen Amtsantritt als Oberhaupt der katholischen Kirche. Am 5. November unternimmt er eine Wallfahrt zur Basilika in Assisi und zur Basilika Santa Maria Sopra Minerva in Rom, um die Patrone von Italien, den heiligen Franziskus und die heilige Katharina von Siena, zu ehren. Am 12. November nimmt er als Bischof von Rom die Lateranbasilika in Besitz.

Am 4. März 1979 veröffentlicht er seine erste Enzyklika *Redemptor hominis*. Im Juni kehrt er im Rahmen einer Pastoralreise zurück nach Polen, im Oktober spricht er vor den Vereinten Nationen in New York und im November trifft er in der Türkei den griechisch-orthodoxen Patriarchen Demetrius I. Am 4. April 1980, am Karfreitag, hört er zum ersten Mal die Beichte im Petersdom. Am 30. November veröffentlicht er die Enzyklika *Dives in Misericordia*. Am 11. Januar 1981, dem Epiphanias-Fest, tauft er mehrere Kinder und führt damit eine neue vatikanische Tradition ein. Am 13. Mai wird er um 17.19 Uhr auf dem Petersplatz Opfer eines Attentats, ausgeübt von Alì Agca, worauf er unmittelbar danach in der Gemelli-Klinik operiert wird. Am 3. Juni, nach 22 Tagen Krankenhausaufenthalt, kommt er zurück in den Vatikan, muss aber am 20. Juni zurück ins Krankenhaus, wo er bis zum 14. August bleibt.

Im Mai 1982 unternimmt er eine Wallfahrt nach Fatima, um der Gottesmutter für ihre mütterliche Fürsorge zu danken und, ein Jahr nach dem Attentat, den *Akt der Weihe der Welt an das Unbefleckte Herz Mariens* zu vollziehen. Am 10. Oktober feiert er die Heiligsprechungsmesse von Pater Maximilian Kolbe. Am 25. Januar 1983 präsentiert er den neuen *Kodex des Kanonischen Rechtes* und am 25. März führt er das Heilige Jahr der Erlösung ein. Am 27. Dezember besucht er Alì Agca im römischen Gefängnis Rebibbia. Am 22. April 1984 schließt das Heilige Jahr der Erlösung.

Vom 30. bis 31. März 1985 sind in Rom die Teilnehmer des internationalen Treffens der Jugend zu Gast. Am 13. April 1986 besucht er die römische Synagoge. Am 18. Mai veröffentlicht er die Enzyklika *Dominum et vivificantem*. Am 27. Oktober leitet er in Assisi das Weltgebetstreffen für den Frieden. Am 25. März 1987 veröffentlicht er die Enzyklika *Redemptoris Mater*. Am 6. Juni, am Vorabend des Pfingstfestes, ruft er ein Marianisches Jahr aus. Am 30. Dezember veröffentlicht er die Enzyklika *Sollicitudo rei socialis*.

Am 21. Mai 1988 eröffnet er neben dem Vatikan das Pflegeheim »Dono di Maria« (das Geschenk von Maria), deren Leitung er den Schwestern von Mutter Teresa von Kalkutta anvertraut. Am 28. Juni unterschreibt er die Apostolische Konstitution *Pastor Bonus* über die Reformen in der römischen Kurie. Am 15. August beendet er das Marianische Jahr. Den 7. September 1989 bestimmt er zum Tag des Gebets für den Frieden im Libanon. Am 30. September begrüßt er den Primas der anglikanischen Kirche, Robert Runcie, als Gast. Am 26. August 1990 appelliert er nach der Invasion des Irak in Kuwait für Frieden im Persischen Golf. Am 7. Dezember veröffentlicht er die Enzyklika *Redemptoris missio*.

Am 15. Januar 1991 sendet er einen Brief an den Präsidenten der Vereinigten Staaten, George Bush, und den Präsidenten des Irak, Saddam Hussein, um den Krieg im Persischen Golf zu beenden. Am 1. Mai erscheint seine Enzyklika *Centesimus annus*. Vom 12. bis zum 26. Juli 1992 bleibt er im Krankenhaus, weil ein gutartiger Tumor im Darm operativ entfernt werden muss. Am 9. Dezember veröffentlicht er den *Katechismus der Katholischen Kirche*, den er bereits im Juni genehmigt hatte. Vom 9. bis 10. Januar 1993 leitet er in Assisi den Gebetstag für den Frieden in Europa mit besonderem Schwerpunkt auf dem Balkan. Am 6. August veröffentlicht er die Enzyklika *Veritatis splendor*. Am 11. November stolpert er und erleidet eine Verrenkung des rechten Schultergelenks, sodass er für einen Monat einen Verband tragen muss und eine nur eingeschränkte Bewegungsfreiheit besitzt.

Am 23. Januar 1994 feiert er im Petersdom eine heilige Messe für den Frieden auf dem Balkan. Am 28. April fällt er und bricht sich den Oberschenkel, er wird in der Gemelli-Klinik operiert, der Krankenhausaufenthalt dauert bis zum 27. Mai. Am 14. November veröffentlicht er den Apostolischen Brief *Tertio millennio adveniente*, der das große Jubiläum des Jahres 2000 ankündigt. Im Jahr 1995 veröffentlicht er zwei Enzykliken: am 25. März – *Evangelium vitae*, am 25. Mai – *Ut unum sint*. Am 22. Februar 1996 reformiert er mit der Apostolischen Konstitution *Universi dominici gregis* die Regeln für das Konklave. Vom 6. bis 15. Oktober muss er wegen einer Blinddarmoperation in die Gemelli-Klinik. Am 16. Juni 1997 sendet er an den israelischen Premierminister, Benjamin Netanyahu, und den Präsidenten der palästinensischen Autonomiebehörde, Yasser Arafat, einen Brief mit dem Aufruf zum Frieden im Nahen Osten.

Am 14. September 1998 veröffentlicht er die Enzyklika *Fides et ratio* und am 29. November die päpstliche Bulle *Incarnationis mysterium*, über das große Jubiläum des Jahres 2000. Am 1. Oktober 1999 kündigt er in dem Apostolischen Brief *Spes aedificandi* als Patroninnen von Europa die folgenden Heiligen an: Katharina von Siena, Birgitta von Schweden und Teresia Benedicta vom Kreuz (Edith Stein). In der Nacht vom 24. Dezember eröffnet er das große Jubiläum des Jahres 2000.

Vom 24. bis 26. Februar 2000 unternimmt er eine Wallfahrt zum Berg Sinai in Ägypten. Vom 20. bis 26. März besucht er das Heilige Land (Jordanien, Palästinensische Autonomiebehörde, Israel). Am 7. Mai leitet er eine ökumenische Erinnerungsveranstaltung über die Zeugen des Glaubens im 20. Jahrhundert. Am 12. und 13. Mai unternimmt er eine Wallfahrt nach Fatima, wo er die Veröffentlichung des dritten Geheimnisses ankündigt. Am 6. Januar 2001 schließt er das große Jubiläum des Jahres 2000 und veröffentlicht den Apostolischen Brief *Novo millennio ineunte*. Am 24. Januar 2002 leitet er den Gebetstag für den Frieden in der Welt in Assisi. Am 16. Oktober führt er mit dem Apostolischen Brief *Rosarium Virginis Mariae* das Jahr des Rosenkranzes ein und fügt dem Rosenkranz eine vierte Fünfergruppe von Rosenkranzgeheimnissen, die so genannten »lichtreichen Geheimnisse«, hinzu.

Am 5. März 2003 leitet er den Gebets- und Fastentag für den Frieden im Irak und im Heiligen Land. Am 23. April, dem 8959. Tag seines Pontifikats, wird er zum Papst mit der drittlängsten Pontifikatsdauer in der Geschichte (nach Pius IX. und Leo XIII., abgesehen vom heiligen Petrus). Am 17. April veröffentlicht er die Enzyklika *Ecclesia de Eucharistia*. Am 16. Oktober leitet er die Feierlichkeiten anlässlich des 25. Jahrestages seines Pontifikats. Am 28. Februar 2004 hat er im Vatikan die Vertreter der römischen Pfarreien zu Gast, die er nicht besuchen konnte (während des Pontifikats besuchte er 301 römische Pfarrgemeinden). Am 10. Juni kündigt er bei einer Feier ein besonderes Jahr der Eucharistie an. Am 14. und 15. August unternimmt er eine Wallfahrt nach Lourdes und am 5. September nach Loreto – dies sind seine letzten Reisen.

Am 30. Januar 2005 leitet er zum letzten Mal persönlich das sonntägliche Angelusgebet. Am Abend des 1. Februar muss er aufgrund von Atemstörungen in die Gemelli-Klinik. Am 10. Februar kehrt er zurück in den Vatikan. Am 24. Februar muss er zurück in die Klinik wegen einer zurückgekehrten Grippeerkrankung, die ihm in den vorausgegangenen Wochen zusetzte, er bleibt in der Klinik bis zum 13. März. Am 30. März zeigt er sich am Fenster des Apostolischen Palastes zu der Zeit, als die Generalaudienz beginnt, und segnet Tausende von Pilgern auf dem Petersplatz – dies ist sein letzter öffentlicher Auftritt. Am Nachmittag des 31. März kommt es zu einer Infektion der Harnwege, die einen schweren septischen Schock zusammen mit einem Herz-Kreislauf-Zusammenbruch verursacht. Am 2. April um 21.37 Uhr, am ersten Samstag des Monats und während der ersten Vesper des Festes der Göttlichen Barmherzigkeit, stirbt er. Er lebte 84 Jahre, 10 Monate und 15 Tage; davon war er 26 Jahre, 5 Monate und 17 Tage Papst.